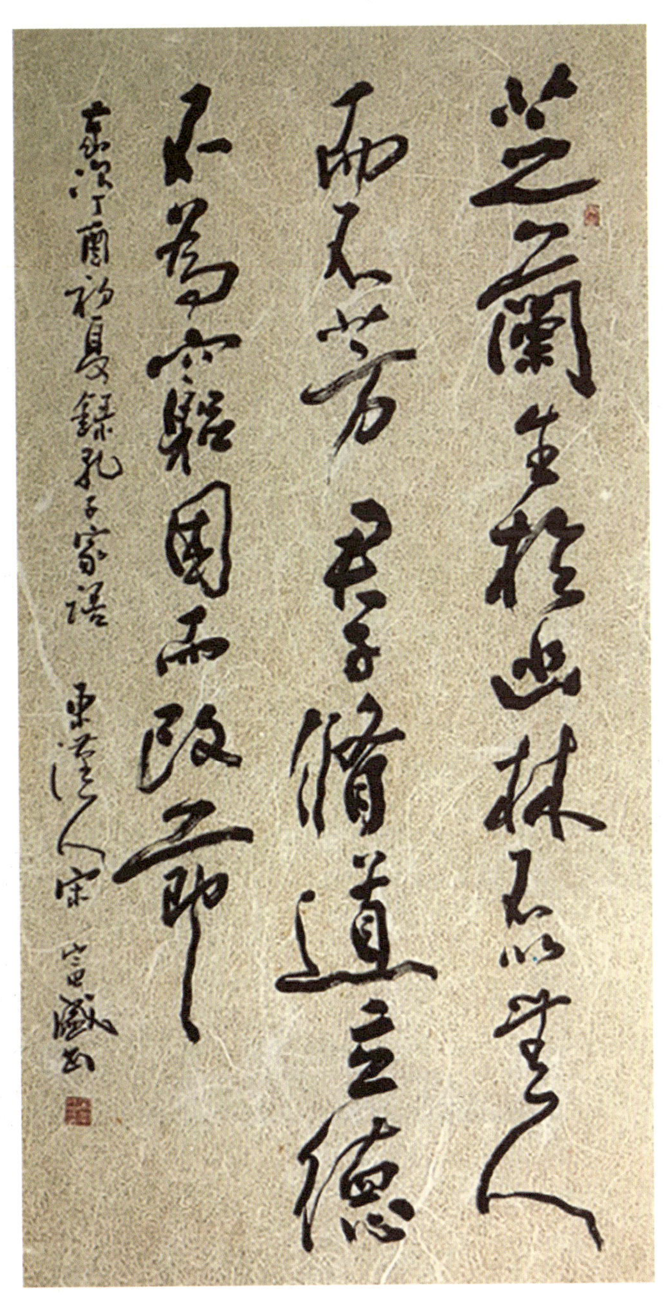

芝兰生于幽林不以无人而不芳，

君子修道立德不为穷困而改节。

——中国书法家协会理事，著名书法家宋富盛题

1989 年高芝兰教授荣获首届中国金唱片奖

“美育特别提出来，与体智德并为四育”

“养成健全的人格”为教育宗旨

《普通教育和职业教育——在新加坡南洋华侨中学演说词》

“纯粹之美育，所以陶养吾人之感情，

使有高尚纯洁之习惯，

而使人我之见、利己损人之思念，

以渐消沮者也。”

《以美育代宗教说——在北京神州学会演说词》

蔡元培

（国立音专创校先贤）

好好做人！

好好歌唱！

好好生活！

——高芝兰教授对生命与艺术的座右铭

芝蘭流芳

高芝兰百年诞辰纪念文集

◎程振华 编

Collected Articles in Memory of Gao Zhilan's Centennial Birthday

中国文联出版社

图书在版编目（C I P）数据

芝兰流芳：高芝兰百年诞辰纪念文集 / 程振华编
. -- 北京：中国文联出版社，2023.8
ISBN 978-7-5190-5130-3

Ⅰ. ①芝… Ⅱ. ①程… Ⅲ. ①高芝兰（1922—2013）
—纪念文集 Ⅳ. ①K825.76-53

中国国家版本馆 CIP 数据核字（2023）第 076057 号

编　　者　程振华
责任编辑　卞正兰
责任校对　秀点校对
封面设计　布拉格

出版发行　中国文联出版社有限公司
社　　址　北京市朝阳区农展馆南里 10 号　　　邮编　100125
电　　话　010-85923025（发行部）　010-85923091（总编室）
经　　销　全国新华书店等
印　　刷　三河市龙大印装有限公司

开　　本　710 毫米×1000 毫米　　1/16
印　　张　15
字　　数　241 千字
版　　次　2023 年 8 月第 1 版第 1 次印刷
定　　价　58.00 元

代序　一个极度严谨的声乐学者

——记高芝兰教授

李　凌[1]

30年前，我有机会同中国青年艺术团前往参加第四届世界青年联欢节。那一次的中国青年艺术团的音乐力量，是新中国成立后最有规模和水平的。艺术团在罗马尼亚演出后，还到波兰、东德等国家作访问演出，取得极佳的声誉。我也在这较长的日子里，对艺术团成员之一、女高音歌唱家高芝兰的为人为艺，有较多的了解。

高芝兰于1937年考入国立音专学习声乐，是苏石林教授班中几个较有造诣的学生之一，她跟苏石林上课达七八年之久。高芝兰的基本功比较扎实、深厚，声音嘹亮、优美，从下到上连贯、饱满，规格严谨，对声乐表演艺术有较高的要求。她从1943年起，就开始以独唱会的形式经常演出，还参加过在上海的俄国歌剧团及当时上海工部局交响乐团的演出，担任歌剧《茶花女》《霍夫曼的故事》中的主角，是我国声乐工作者中较早主演西洋歌剧的演员之一。由于她的声音优美，极有弹性，对角色有一定的理解，受到较好的评价，被认为是很有前途的歌唱家和歌剧演员。

1947年，她到美国茱莉亚音乐学校及大卫·曼尼斯创建的学校继续深造，她专心致志于声乐艺术，博取众长，扩大眼界。回国后，在从事歌唱实践和教学工作中，对自己、对学生要求很严格。她认为，基本功、声音、练习只是从事声乐艺术比较重要的条件，但这还是比较容易做到的。而要具有可贵的品德和气质，深邃的艺术见解和完美的艺术，即使努力一

① 李凌（1913—2003），音乐评论家、音乐活动家、音乐教育家。

辈子也会感到欠缺。

愉悦的记忆

1949年，高芝兰回到祖国。谈起20世纪50年代初期，她怀着极度珍爱的心情回忆说："尽管当时声乐上的洋土之争有时波及各个方面，但上海音乐学院对待这个问题是比较明朗的。学院里，有像王品素等那样潜心研究民族声乐的同志。而许多学习西洋唱法的教授，只要加强对民族音乐的学习，你有多少气力，都会有用武之地。我们那时的环境是很可贵的，学生学习很认真，教师之间互相爱护、互相关心，教学计划、进度都能有个规划。"

她说："我从小喜爱歌唱，在考进音乐院前不识五线谱，从未受过音乐基础训练，进了音乐院，视唱练耳课是陈洪老师教的。第一次听音测验，我只得了六十分，以后，经过自己的努力，每次都能在九十五分以上。"

"我学习声乐并非一帆风顺。同学中有许多人的嗓音本质都比我好，但老师很喜欢我，说我的歌唱有音乐感，接受能力强，而且喜欢动脑子，有一股钻劲。例如我在开始学唱时，高音区比较容易，声音嘹亮、自如，而中低音区就很虚弱，音质明显和高音区不同。当时，苏石林教授问我：'一首歌曲中高音多，还是中、低音较多？'我回答：'是中、低音区的音多。'因此，他要我努力把中、低音区的音练得和高音区的音在音质和声音的幅度上都能达到同样好的程度。我每天坚持自上而下的练习，半个音、半个音地往下慢慢移动；用气息很好地支持，保持声音的位置不变。这是很枯燥的事，但我坚持下来，并从中得到很大的益处。另外，在练唱花腔的音阶和唱轻声方面，我也花了很大的苦功，从而使我的声音，得到了应有的灵活性、弹性，音色有变化，气息的功夫也加深了。"

"记得我在学唱《路易斯》那段咏叹调时，经常一句句、一段段地苦练，那首咏叹调的旋律经常作八度跳跃进行，并且音调总是在换声区那段高声区，要求唱轻声，乐句又长，气息控制很难，我把它练了几个月，从高从难来要求自己，终于把它唱好了。数十年来，从教学实践中我体验到：有了好条件，还必须加上踏踏实实的刻苦努力。光凭有个好嗓子，对自己没有严格的要求，是绝对成不了大材的。

重上舞台

声乐工作者，虽然比体育、舞蹈工作者艺术生命要长久一些，但也总是随着年龄的增添而日渐衰弱，声带的老化自然影响到声音的色泽。“文化大革命”后，高芝兰虽然是近六十岁的人了，但她努力克服了年龄上的限制，积极恢复练习，使嗓音保持圆润、优美，终于在1980年10月，在上海音乐厅举行了独唱音乐会。

当然，一个息演了十多年（从1964年起，演唱曲目就受到限制了）的歌唱家，在短促的时间里恢复能够应付两个晚会的曲目，而又保持相当的水平是很不容易的。

高芝兰的表演，非常工整、严谨，也不特别夸张，她亲切委婉地诉还歌意，音调总是那样饱满，用情真切，行音优美，声音的弹力还是很好。她用心地把各类歌曲，各个不同内容、风格的歌曲，加以明显的区别，含蓄而富于热情。

重回茱莉亚母校

1980年，高芝兰趁去美国探亲的机会，重到茱莉亚母校访问，并听了许多世界著名的歌唱家如珍妮特·贝克、洛斯·安赫莱斯、玛丽莲·霍恩、卡巴耶、多明戈等人的演唱，从中获得许多新的知识。

显然，国际上的声乐艺术不断在发展，也不断在更新。老一代的歌唱家，逐渐因年龄的关系，相继退出舞台，而新一代歌者在传统的基础上，通过不断的努力、探索，也有不少新的创造，像壮年的多明戈的歌声，更为柔美、松弛，霍恩的音域是惊人地扩大了。而更可贵的是声乐艺术上的全面发展，不仅注重声音的嘹亮优美，同时注意情感和戏剧性的表现。他们新的表演，也使高芝兰了解到全面发展的重要性。一个演员，单有嘹亮的歌喉，已经非常不够了，他必须有较高的文学艺术修养，还需要有高尚的艺术品格，对内容和人物的思想感情的深刻了解和戏剧的才能，也就是所谓总体艺术美学观。这是目前国际上的声乐表演艺术的总的要求。

高芝兰说：“我们有些青年，对世界的声乐艺术有许多幼稚的误解。他们总以为国际上的声乐艺术，只要求声音。其实，不管意、美、英、德、法，包括苏联，他们除有美的声音以外，语言、情感、风格、戏剧性等都是非常讲究的。他们对声乐艺术总体性要求非常严格，稍有一点差误，评论界就毫不客气地进行批评。”是的，今天的美国，在音乐上拥有较多的出色人才，他们肯花钱，的确吸引不少有才能的音乐家在那里工作。但是那里也不一定一切都好。那是一个现代化程度很高的资本主义世界，各种各样的人物都有，有修养很高的音乐家，有很好的音乐会，而夜总会式的流行音乐也很普遍。不过许多坚贞的音乐家，忠实于声乐艺术的歌唱家，对自己的事业非常负责，决不同流合污。当过舞场的“钢琴鬼”是不能在音乐院校教书的，界限划得很清楚。但是，那里的学生，也不是每一个都是理想的人才。我这次听了母校的学生课，有些是优异的，但也有不少非常差劲。有些学生想来考上海音乐学院，怕不一定能考进来。他们那里有钱就可以入学，这也是一种弊病。“你终于回来了，大家很想念你。校友们插入这一句。我说：我不会在美国留下来的。是的，比较起来那里物质上是丰富一些，但那种社会我不习惯。我对祖国有着深厚的爱，我的爱人的工作也很好，孩子们都很纯朴，我自己热爱我的事业，这里有许多优越条件是别的国家所没有的，学生很用功，他们尊重我，我也很关心他们。我觉得光阴如箭似的飞逝，我从舞台实践转向声乐教学。这几年，一切已逐渐上正轨，我能把有生之年，用在青年人的身上，我认为这也是一种幸福。”

最近的一次音乐会

1982 年 5 月，上海举行第十届“上海之春”国际音乐节，我因事只能中途赶去参加。在这次活动中，高芝兰和葛朝祉都有独唱节目，他们两人已是六十多岁，这次可以说是告别独唱会了。

会后，她约我吃饭。席间她希望我对她的音乐会提点意见。她说，“我在上海，大家比较熟识，学生也不少。但在北国，了解我的人不多，你恐怕也不大了解我”。我说：“你忘记了，我们不是有过半年在一起工作吗？”她说：“我没有忘记。五十年代那段生活，一直在我记忆中翻腾。但那段生活，每天只能重复那四五个曲子是太狭窄了。”她随后就把她年轻时在上海演出《茶花女》的剧照和在美国开音乐会的节目单和评论给了我。

她继续谈到她的打算，她认为自己还应该不断充实自己，她感到过去接触外国声乐家，多半是欣赏他们的演唱，但详细地了解他们的教学经验很不够，她希望以后有外国声乐专家访华讲学时，让她也能参加观摩。她说：“意大利声乐家贝基是一个很有学问的专家，他的经验非常丰富，有许多具体的方法是很有价值的。我认为你们搞领导工作的人，对于从事声乐教学的老同志是关心不够的，你不知道我们怎样着急于提高自己的能力。我在国内接待过一些专家，但总不如陪伴一些有学问的专家教学更有启发。一个专家来华，培养几个学生，或者纠正几个学生的缺点，那也是需要的，但如果让一些从事声乐教学的老师也和他在一起研究、学习，当助手，这对于教师有很大的好处。我们担任青年的教师，总得使青年有所收获，你说是吗？”

高芝兰对声乐教学是那么认真负责，是那么谦虚，总是在找寻机会充实自己，我答应她，如果有可能，一定帮助她。

对胡晓平和青年的希望

1982 年 10 月下旬，我从意大利到布加勒斯特，在机场遇到刚从匈牙利参加声乐比赛得奖回来的胡晓平。当郭淑珍同志把我向她介绍时，胡晓平说：“我知道你，高老师经常提起你。

从这以后，北国、南国，都知道高芝兰不仅是歌唱家，她对青年声乐家的关心，也是非常到位的。

我倒不想在一个人已经被大家所赏识时来凑热闹。我知道她的为人，对自己并不怎样过于计校，前年她在谈话中，向我提过一些事业上的隐忧；因为，我在福建时曾去信和她预约，希望经过上海时能听听她对我国声乐教育的意见。

5 月底的一个傍晚，我到她家做客，我说：“我知道你到北京参加胡晓平等人的发奖会了，当时我外出，现在我应该补充向你祝贺。”她说：“不要说那些话。取得这些成绩是学生的努力，我只是尽我的责任而已。”我说：“你可能有许多感想。”她说：“是的，我有许多感触，但我不大说，对你谈谈也许会有好处。

“许多人都认为东方人的体质差，声乐艺术教育还年轻。在我看来，我国的人才是不少的，路子大致也还正确，学生也很努力，问题在于指导。目前有一种不好的倾向，把声乐艺术看得太容易，能唱几个受群众喜欢的歌曲，就成了‘声乐家’、‘著名歌唱家’，对基本功不重视，也不刻苦。有些青年喜欢走近路，涌向所谓通俗唱法，有名、有钱，也容易速成。报纸上那种大吹大擂对青年人是没有什么好处的。从年轻的学习者来说，他们的责任不大，有灵性，有声音，本来是可喜的，但应该好好努力。要教导他们懂得歌唱艺术的艰苦性，而不是使他们感到已经够了而自满。要知道没有顽强的、认真细心的、长久艰苦的劳动，即使是有才华的人也会变成像绣花枕头那样无用的玩物。（斯坦尼斯拉夫斯基语）

“我对某些音乐评论者那种无原则的吹捧，是有意见的，暂且不管这些青年在演唱上的格调和气质还有没有问题，单从‘自学了三个月，连简谱都不懂’就成了‘著名歌唱家’，那样吹捧是非常危险的。这只能使被捧者更加盲目。我们珍惜人才、热爱人才，但真正珍重人，应该像华罗庚同志，不断教导他们不知足地努力，勇敢、无畏地探索，碰到困难而不灰心；科学上没有平坦的大道，真理长河中有无数礁石险滩。只有不畏攀登的勇者，只有不怕巨浪的弄潮儿，才能登上高峰采得仙草，深入水底觅得骊珠。盲目的吹捧，每每会损害有希望的新苗。

“胡晓平为国家取得荣誉，这主要是靠她自己顽强的苦练。但还是需要教导她懂得正确对待自己的成就，要她打开眼界，明白自己的不足。她有一种刻苦好学的品德，她在学校毕了业，依然经常向我问课。但我总是担心，她这种品德，会不会因为得了奖就发生变化。这也是考验一个人的时刻。因此我总是提醒她，还要像从前一样，向前辈、向同行学习，要她把列夫·托尔斯泰的话记在心里：‘正确的道路是这样，吸取你的前辈做的一切，然后再往前走，要保持自己的事业心和进取心，把它当作自己的品格。’最近，她在匈牙利主演《波西米亚人》有许多提高，在波兰也得到好评，我是很高兴的，她是不断在努力的，青年应该这样才好。”

如今乐坛有些混乱

“有些话我很早就想说了。”高芝兰继续说，“我觉得近两年的乐坛有些混乱，不知把音乐艺术引往哪里。音乐艺术是意识形态的东西，是宣传精神文明的有力武器。当然，办音乐事业不能不注意经济管理，但把为社会主义精神文明服务的艺术商品化，只顾经济收入而不顾及艺术质量，一味往'钱'奔，对这种现象许多人是有意见的。其次，我们的唱片公司、广播电台是宣传部门领导的，但有一段时间，严肃的、使人精神向上的、健康的音乐艺术，录音、广播太少了，大量都是流行曲风的东西。当然，最近有些改进，这是好的。高尚、健康的交响乐、合唱、独唱和独奏很苦，剧场不易租，演出也吃力。就在资本主义国家，政府对这样的艺术也肯于扶持，而对于流行音乐，总是约束在一定的范围里，在夜总会、酒吧间……这类音乐，政府不资助，还抽很重的税，夜总会、舞厅的门票价特别高。当然，在资本主义国家里，资本家是为了赚钱，为了满足一部分有钱者的享乐，而绝大部分歌女、歌星、歌伎也是迫于生活，才操这种生涯。自甘堕落，还引以为荣的是少数。我们对这些东西，也要进行分析，应该看到这些东西产生的社会根源，所歌唱的内容、情调、气质，其主流是不好的，随着社会的变化，其中有许多是要被革除的。特别是理论界，应好好去研究这个问题，我对于我们有些国家团体来搞这类东西，是有意见的。"

她谈到这里，有些激动。我觉得她的看法基本上是对的。我也认为我们对于港台流行歌曲、歌风的产生、发展、特点、利害得失等方面研究不够。有些地方的文化领导部门，只从经济收入来看这个问题，并大力为它提供方便，这种作法很值得考虑。

高芝兰同志继续说："有许多问题，我还想不通，为什么有些人那么热衷于搞港台流行歌风的东西，但对高尚的、严肃的艺术不闻不问，让它自生自灭呢？当然，我们自己努力不够，也有责任，但领导上不扶助，不提供方便，有些艺术如交响乐、室内乐，演出是很困难的。听说北京的严良堃、李德伦、韩中杰、郑小瑛、秋里、杨鸿年、袁方、彭修文、罗忠镕等同志，带着队伍深入大中学校、工厂、机关去做普及工作，这很值得赞颂。上海交响乐团下部队、下农村演出很受欢迎。上海的中、小学音乐教员都组织起来了，但政府不给予大力的支持，确实很吃力。

我说："国内有些省份在这个问题上做得还是好的，像福建的项南同志就积极关心，在全省的大、中学校举行音乐周，提倡精神文明，唱健康优

美的歌，取得很出色的成绩。”

高芝兰对这些消息很感兴趣。她说：“我们应该向他们学习。艺术领导部门，也要下点本钱，多出点力量，单靠音乐家自己去挣扎是困难的。”

歌风要研究

我提出：“你对目前的歌风有什么意见？”

“歌风是个问题，目前有些剧场，特别是在体育馆开音乐会的风气，是非常不好的。我认为音乐会少在体育馆这种场合开。体育馆是为体育而设的，音乐会应该在音响设备好一点的剧场开。对于电声，作为学习西洋唱法的声乐工作者，应该不用。既然从事声乐事业，就应该老老实实把声音练好，不应靠麦克风来生活。广泛使用电声只能使声乐艺术衰退。我是不主张靠麦克风来演唱的。”

她认为歌唱艺术应该重视深刻、纯朴、健美的歌风，艺术一穿上五颜六色的衣裳，尽管一时光彩夺目，那是经不起推敲的。着重在感观刺激上做文章，单靠某些表面效果去取胜，总不是艺术的最高要求。一些青年歌者，对自己的艺术并没有深刻的认识，缺乏各方面的修养，主要是思想修养、艺术修养，但许多音乐家，对这种现象不大说话，评论工作者也不说话。

我说：“不好说，据说有些人写了文章，报刊不刊载。”她说：“这可能是事实，但不应该熟视无睹，放下笔杆不管。为广大的听众设想，不进行启发，不进行艰苦的培养、帮助是不行的。土壤要改良，群众的欣赏水平要提高，如果不花点力气，局面不易打开。听说北京的大学生近年来有很大的变化。”我说：“是的，北京海淀剧院经常演出交响乐，学生、干部都很用心听。”

高芝兰说：“我们要做许多工作，才能填补十年‘文化大革命’中所造成的沟渠。审美要有文化修养，也要有音乐知识、有音乐的耳朵。不借助修养，他不会理解，哪些是美的，哪些是不美的音乐，哪些是隽永的、高级的，哪些是低级的，甚至是庸俗的。没有知识，不会发现美。修养越深，展现在他面前的美的疆域就越广宽，要求也就越高，就不会被浅劣的东西所迷惑……我也许说的太多了，但我是着急的。”我听了这些，心情也是很不平静的。

加强研究，互相关心

高芝兰后来谈到声乐界的情况。她认为，互相之间缺乏商量、研究，各人只埋头在自己所管的小范围，对大的方向、0社会的歌唱实践，关心太少。有点“惹不起，躲得起”的逃避斗争的情况。大家对现状是不满的，但没有形成一种力量，提出一些比较好的看法和实践方案。互相之间还不够团结，互相尊重也不够……

这次谈话后，高芝兰给我的印象是深刻的。她的确有她的见解，有她的要求。她几十年如一日，埋头苦练、苦教，即使遇到很不顺心的事情，也总是压制自己，使心绪平静下来，把精力用在事业上。

胡晓平得奖，她只是笑笑，又把胡晓平叫到身边，提醒她缺少什么，怎样继续向前走，甚至得比要求更严格。她对其他的学生，也是如此认真、操心。她一再提起，她是不怕艰苦的、不知足的。她希望她的弟子也不要自满，不怕艰苦，要老老实实做学问，不要沽名钓誉。从外貌上看，她好像是一个与人无争的随和者，而内心却异常坚定、倔强的人。她对事业是那么有信心，有兴致，对艺术是如此热爱而又有远见。

她使我想起了俄国寓言作家克雷洛夫的话：“出头露面的人是有福的，知道世人一定在瞧着他必须完成的事业，他从头到底干得挺有劲儿。然而，这样的人更值得尊敬，他默默无闻地在暗室里，在漫长的辛苦的日子里无报酬地劳动，得不到光荣，也得不到表扬。只有一种思想鼓舞着他的勤劳：他的工作对大众是有益的。”

的确，在胡晓平未获奖以前，有许多人不知道高芝兰。然而就是在她未为全国人民所瞩目的时候，她是多么认真地在对待声乐事业。

1984年1月

（本文选自李凌《音乐杂谈》第四集，北京出版社1988年6月第1版）

序一　纪念高芝兰先生

江明惇[①]

高芝兰老师是我非常崇敬的一位前辈。她是我国著名的女高音歌唱家，又是一位有杰出贡献的声乐教育家。她晚年旅居美国，于2013年去世，我感到非常惋惜、痛心。高先生的弟子们为纪念她的艺术和教育上的成就，承续她高尚的品质，编写了纪念文集。老同学程振华（程路禹先生）要我为之写序，我感到很荣幸。

我想我应该写，但是我在上海音乐学院学的不是声乐，与高先生直接接触也不多。最早知道高芝兰这名字，是我小时候在俄籍作曲家阿甫夏洛穆夫的中国歌舞剧《孟姜女》演出节目单上。高先生参加了这次演出并担任领唱。那是20世纪40年代的事，我还小。后来知道，高先生当时跟俄籍著名歌唱家苏石林教授学声乐，已是国立音专（上海音乐学院前身）学生中的佼佼者。

高先生是一位修养很全面、艺术造诣很高的声乐艺术家。在女高音专业艺术领域里，无论是中外的作品，是艺术歌曲还是歌剧选曲，是抒情性的，还是戏剧性的、花腔的，她都技巧娴熟，声音完美，表现细腻动人。我于20世纪50年代至60年代初在上海音乐学院（以下简称“上音”）附中和本科就读时，很喜欢听她的演唱。她早在20世纪40年代初，就主演《茶花女》等歌剧，开启了我国艺术家完整地演唱西洋歌剧的历史。记得20世纪60年代初，她在学校礼堂里和黄钟鸣先生等演出的威尔第歌剧《游吟诗人》中监狱一场，如此高难度的独唱、重唱，扣人心弦的表演，高先生演得淋漓尽致。优美的音乐、生动的形象、紧张的剧情，至今令人

① 江明惇，上海音乐学院前院长。

难以忘怀。由此可以看到她在音乐上永不止步、永不满足，不断地向上攀登的可贵品格。

高先生还是一位成绩卓著的音乐教育家。在她 50 多年的教育生涯里，早期有孙经信、陈淑琬、胡逸文、郑倜、程路禹等人经常代表学校活跃在音乐舞台和教学讲台上；改革开放后，著名歌唱家胡晓平，首先在国际比赛中获得金奖，以后又有汪燕燕、孙秀苇、迟立明、李怡萍等一批优秀的歌唱家脱颖而出，在世界乐坛上争芳吐艳，几十年里硕果累累。

高先生的成就，在我国近代音乐艺术发展的历史中，留下了不可磨灭的印记。这样一位德高望重的艺术家，却非常低调，平时为人真诚谦和、平易可亲。她从不为个人的事情计较，但对于专业上的问题，却又非常认真，直言不讳。她一心都是为了音乐，为了教学。始终执着于艺术，精益求精；忠诚于教育事业，一丝不苟。

我觉得，高先生的这些特点，正是我们上海音乐学院近百年来优良传统的典范，也正是今天所需要认真发扬的精神。20 世纪 40 年代末以来，贺绿汀老院长继承了蔡元培、萧友梅、黄自等前辈的优良传统，带领了全院师生员工，使上海音乐学院重放光彩。记得那时每个系都有“几大教授”保证学院的高质量的教学，共同支撑着这个音乐的殿堂。高芝兰先生应邀回国，即成为声乐系的教学支柱。在上海音乐学院高水平的教学群体中，尽管每个人都各有所长，性格和特点都不同，但执着于艺术，忠诚于教育事业，不断攀登、精益求精，这样的精神是共有的。这是一种“纯粹”，这就是一所伟大学校精神的脊梁。

2018 年冬日

序二　芝兰香韵远流芳

萧显扬[1]

因缘际会是很奇妙的，我没有刻意地追求，却始终被文化艺术萦绕半生。我无缘亲领高芝兰教授的教益，却深受她的歌声所感动，现在更有机会为她的音乐传记《芝兰流芳》作序。

20世纪80年代初期，我在香港文化署负责推广各类文化活动和演出，所接触过的包括：维也纳交响乐团、皇家芭蕾舞团、英国巴赫合唱团、维也纳民族歌剧乐团等。我也曾为《茶花女》《杜兰朵》《游吟诗人》等歌剧会演，以及由英国、澳大利亚和中国香港三地歌唱家联合演出的歌剧《弄臣》，做过推广工作。也许由于当时中国香港受英国殖民统治，国内文化团体来港不太多，我始终无缘遇到像高芝兰教授这级数的华裔音乐艺术家。

移民加拿大后，我替香港政府驻多伦多办事处工作，多次安排了香港中乐团、香港舞蹈团、香港芭蕾舞团等在加国演出。在一个音乐会上，遇到高芝兰老师的高足、中国首位美声硕士、现已年近90岁的男中低音歌唱家程路禹老师。我俩一见如故，音乐与诗歌朗诵是我们共同的语言。还记得当年中国香港特别行政区政府邀请傅聪从英国来中国香港与香港管弦乐团合作演出，庆祝英女皇诞辰，傅聪在前半场钢琴独奏，后半场为贝多芬第九交响曲，程老师则担任《欢乐颂》独唱领唱。指挥是从瑞士请来的华裔音乐家陈亮声先生。

一年多前，颐康基金会有感于程路禹老师对加拿大安大略省多元文化的贡献和他的孜孜不倦精神，特别给他颁发了“金心奖”。在颁奖礼上，

① 萧显扬，加拿大华人慈善机构颐康基金会总裁。

程老师跟我提起了他的“小师妹”——旅居欧洲的歌唱家孙秀苇回国在国家大剧院演出原创歌剧《骆驼祥子》。其实早于2015年这部中文歌剧就在意大利的都灵、米兰、帕尔马、热那亚、佛罗伦萨五个城市进行了为期13天的巡演。高芝兰教授是用中文唱西洋歌剧的先驱，荣获中国金唱片奖。她晚期的入室弟子孙秀苇也是用中文唱出老舍的中国现代长篇小说改编歌剧《骆驼祥子》。程老师还跟我提起他的心愿，希望能邀请到孙秀苇等几位高芝兰老师的高足来加拿大演出，让加国人士也能欣赏到高老师的学生在国际舞台上的成就。

高芝兰是第一位在中国舞台上演出歌剧《茶花女》的歌唱家。1949年从美国留学回国，博学厚德的高老师终身奉献于中国音乐事业，她对学生严格，但也把他们当作朋友。正如她唱普契尼《人们叫我咪咪》的歌词中所说：“一针一线绣出朵朵鲜花。”她众多的出色学生就是她精工细作的朵朵鲜花。

这群学生之中，也包括我们加拿大华人熟悉的现居多伦多的胡晓平女士。胡晓平在1982年匈牙利布达佩斯国际声乐比赛上，击败一些蜚声国际的歌唱家在内的70多位选手，夺得该赛事唯一的一等奖和歌剧特别奖，成为第一位获此殊荣的东方人。鉴于当时的社会情况，高老师从1975年开始，只能关上门在家里把着手、循循善诱地把这位纱厂女工胡晓平领进西洋古典歌剧殿堂。否则纵是过人天赋，亦是玉不成器。高老师对她的告诫是：不能光靠嗓音技巧，要用脑子，用心去唱。高老师喜欢胡晓平埋头苦练，但她会不断找出她的毛病，然后悉心指点。

在胡晓平比赛得奖后，高芝兰老师也随之名扬海外，其后又接二连三地有多位学生在其他更有分量的国际大赛中获奖，高老师作为美声学派代表人物活跃在国际舞台，受邀参加巴西国家声乐大赛和柴可夫斯基声乐大赛任评委，这在当年西洋古典声乐艺术界出现了一位中国声乐家作为大赛评委尚属罕见。

高芝兰老师把她的学生带到艺术的新天地，她的付出令学生们终生不忘。普契尼歌剧《托斯卡》选曲《艺术与爱情》中的一句：“艺术爱情就是我的生命；无论在何时，我永远把友谊送给人们。”这也许是高老师的一生写照。

2013年4月12日，这位声乐艺术教育家在美西旧金山去世，享年92

岁。但这位“有银铃般动听嗓音的明星”将永远活在我们心中。我们怀念她演活了的《霍夫曼的故事》中的安东尼娅、《茶花女》中的薇奥莱塔、《弄臣》中的吉尔达、《浮士德》中的玛格丽特、《露易丝》中的露易丝。

“念天地之悠悠，独怆然而涕下”，怀念高芝兰老师的除了她的学生，以及这次出钱出力，印就这本《芝兰流芳》音乐传记的程路禹老师外，还有我们这群“今夜无人入睡”的知音人。让我们把高老师的“三好”格言“好好做人、好好唱歌、好好生活”铭记心中。愿所有音乐的“有情人”都能随着高老师的一步一脚印，用一生去实现对美的追求。

2019 年 10 月

目　录

前言

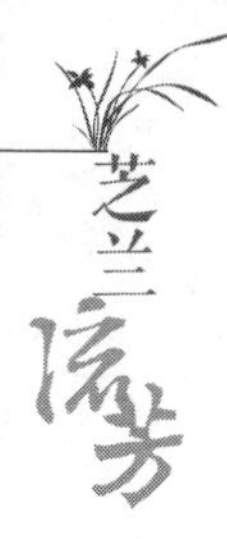

2002年，高芝兰教授亲自委托钱苑教授作“传”。

我受老同学钱苑之托于2004年10月16日前往美国圣地亚戈采访高芝兰老师。见到高老师，谈兴甚浓。谈话有录音，但由于胶带录音条件不太好，每隔45分钟，有时竟忘记换录音带而谈话没有录全。访谈延长至五天，基本完成了采访提纲包括的内容。此事后数年内，两次往返加拿大、美国和我国上海、香港之间，递交录音带，照片和文字资料。后来几年，高芝兰教授、钱苑和我三者仍保持书信电话联系。

时隔多年始终未见传记出版。

2013年4月12日，高芝兰教授逝世。就出书一事钱苑无法联系高老师亲人。高老师国内外家属，也没有任何人联系钱苑。2017年9月，钱苑病中传话，希望我回沪探望，面谈出书事宜。我于2017年9月14日抵沪。这是第三次为高老师传记，从加拿大去上海。

钱苑住进加护病房，表示由于健康以及其他原因，至此，还是不能完成出书，甚为遗憾无奈。只有把高芝兰教授、钱苑和我三人共同收集的相关资料交给我，由我酌情处理。钱苑保存了14年的高芝兰先生的资料有：高老师笔述手稿影印本、照片，以及我根据访谈录音整理成文后，又经高老师亲笔修改的5万余字文稿，还有部分在沪老同学的缅怀文章，全部交给我。

钱苑和我，自1955年上音附中同班，他学长笛专业，后来专职音乐理论工作。一生写过万千字。他认为高老师的生平事迹是非常真实很有分量的题材。根据他对高老师的理解，高老师盼望此书出版，绝不是为了个人身后留名，主要希望是把她半个世纪的经历告诉后人，能引起对建校办学，艺术教育事业的反思。正如他女儿钱泥在2019年5月14日钱苑过世后说：“爸爸对于出这本书，有一种使命感。但最后，终不能完成，甚为愧疚。”

钱苑中学时期

高老师笔述自己的个人家庭生活，仅仅几笔带过而不曾细说。在钱苑的诗歌第45首“忆夫君”开始，向读者细致真实地展示高老师的家庭生活。然而，命运却接二连三无情地打击高老师和马家骅先生组成的这个礼乐和鸣温暖的家。钱苑对此描写如下：

赤诚的心，纯真的情

没有罗曼蒂克的诗意般絮语，
科学艺术人生的理念且真切。
音乐绘画电影文学侃侃品叙，
乡音知己，徐徐翻开友情扉页，
家庭琴瑟和谐，父母子女融洽。

家骅突发脑出血归仙独西行，
同年九月地底蒸气狂啸喷薄。
我又失去了至亲的胞弟文俊，
心脏病魔将他可贵英年击殁。

面对这样残酷的现实，
高老师擦干眼泪，
毅然坚强地全身心精力奉献给教学工作。
在学生的成就中，找回被命运夺去的生命价值。

这些诗句，让我不胜嘘唏，无声泪下。如此语言的深情表述，也就是钱苑所说的，以个人角度，探索高老师的内心世界。高老师的笔述，只写到她移居美国为止，这引发钱苑感叹："高老师淡泊人生，功遂身退，悠然寓居，虽有些许晚年孤零之感，却性静情逸。她为人低调，不尚自矜，耐得住寂寞，在病弱中仍有秩自我调节。似兰斯馨，如松之盛，穆穆皇皇，令人感佩。"

为此，我特地把钱苑撰写的59首诗歌，采用在本书"附录一"。同时，这也是此书拖延长达近20年，最后却由我来整理面世的经过佐证。

2017年年底，我回到加拿大之后，开始整理资料，展开了与高老师的日夜对话。同时我迫切希望联系到高老师的家人；致电马绍宏和儿媳静宜，无回音。直到2018年9月我才和高老师的女儿马小兰女士取得联系。

她写的《回忆母亲》一文，献给我们这些学生，为我们提供了退休前后高老师心灵世界的真实写照。对我更深切地认识高老师终生为人，画上比较完整的句号。

翻阅资料，我看到，2004年10月，我在美国采访高老师的电话录音整理出来的5万多字文稿，是经过高老师逐页逐句地修改过的，一些涉及某些人和事，都被高老师删掉了。这让我想起2007年，高老师在电话里告诉我："有些事，过去了就算了。我还有很多学生留下来工作，不要影响她们。振华，这要记住！"这番话是我整理这本书的资料，必须严格遵守的原则：只谈艺术教育以及办学。只论事，不涉及任何第三者。

虽然我能力十分有限，手头资料查证条件非常欠缺，我还是决定在钱苑15年工作的基础上，尽力把高老师的事迹整理成书。让自己日后无悔无愧地面对我认识60年敬爱的高芝兰老师。

最后，还是用钱苑的话终结前言：

继逝者遗愿，
垂范子孙普春秋，
竭我之余生，
更开事业告蓝桥。

程振华（路禹）

2019年9月18日于多伦多

第一章

高芝兰教授笔述自传

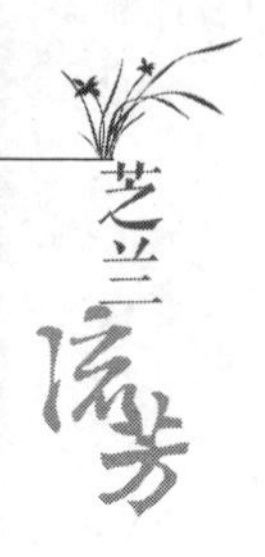

第一节　与音乐结缘

我 1922 年 1 月 26 日生于杭州，父亲高叔安，性格坚强，刻苦自学成才。20 多岁时，在杭州置业娶亲。母亲为典型的贤妻良母家庭主妇。后来举家由杭州迁居上海。父亲在当时南市区码头仓库任管理处处长。小学我就读于南市区民立附小升中学。初中三年级，我被选入校队排球队。为当时上海最有名学校排球队之一。

我有 7 个兄弟姊妹。我排行第六，和最小的弟弟高文俊最亲近。

迁居上海后有机会看到美国电影，对音乐电影最感兴趣。一天，父亲买回来收音机，放在我的房间里。每天完成作业后就听各国电台音乐节目。当时上海是个国际城市，有美、法、德等国电台播放古典音乐。我熟悉了许多大师们的作品和著名演奏家、歌唱家的表演艺术。初中毕业后，升入清心女中，每周都有音乐课，开始五线谱学习。

第二节　决心就读“国立音专”

1937 年，读完高一之后，决心投考由中国教育界先驱蔡元培先生创建的中国唯一的专科音乐学校——“国立音专”，得到录取。后来“国立音专”学校由江湾搬到法租界高安路。

校长萧友梅先生，聘请了很强的师资。钢琴系主任是俄国著名钢琴家查哈罗夫，声乐系老师有圣彼得堡马林斯基歌剧院著名演员、男低音歌唱家苏石林，还有留美留法的赵梅伯、应尚能、周淑安等老师。音乐欣赏共同课由黄自老师亲自教授，陈洪老师教授视唱练耳，采用法国带回来的教材。

基本乐课本来要学三年，第一年之后，陈洪老师让我跳升第三班，和后来的指挥家黄贻钧同班。这些共同音乐课虽然是初学，而我有浓厚兴趣，进步很快。

音专办学宗旨是培养专业音乐人才，所以除音乐专业科目之外，十分重视学生整体文化素质教育。我跟龙榆生老师学习文化课，唐诗宋词等科目。这些学习为我后来歌唱事业打下了良好的文学修养基础。

黄自老师教我们一年，不幸因病去世。学校在国际礼拜堂举行了隆重的追悼会，萧友梅校长让我在追悼会上献唱古诺的《圣母颂》致哀。由于我对黄自老师的深厚师生感情，这样的献唱，使我对音乐艺术有了更深层的理解，也更明确自己要把一生奉献给音乐艺术的努力方向。

我被录取音专后的第一位声乐老师是周淑安老师。周老师同时也在上海中西女中兼任音乐课，她喜欢经常带我去唱给学生们听。当时我唱了不少好听易懂的歌曲。例如，《吻》（*Il bacio*）、《夏日最后的玫瑰》（*Last Rose of Summer*）等。当时我 15 岁，学歌很快。我听到电台播放的演唱如 Caruso、Galli Cucci、Lily Pons 等都是具有高深修养和技巧的大师。我向往大师们扎实的基本功。我也应该好好打基础，而不是满足唱几首好听的歌到处炫耀。当时，苏石林教授在音专授课外，也经常演出歌剧和上海工部局乐队合作演唱。我对他的声乐成就敬仰钦佩已久。一年级后，适逢周淑安老师调往重庆，我就千方百计申请到苏老师班上学习。

苏石林老师是马林斯基剧院的主要演员，曾经和沙利亚宾同台演出歌剧。他的老师格比埃尔（Gabiel）是意大利美声学派鼻祖 Lamperti 的弟子。格比埃尔回俄国之后大力推动美声学派在俄国发展。萧友梅校长请苏石林来到中国，也把正宗意大利美声学派带到中国代代相传，培养出人才，如斯义桂、黄友葵、蔡绍序、郎毓秀、李志曙、张昊、张仁清、高芝兰，等等。奠定了中国声乐事业人才的基础。

苏石林教授

1944 年和上海工部局交响乐队演出，和俄籍指挥 Alexander Sloutsky 合影

1944 年和上海工部局交响乐团演出指挥 Alexander Sloutsky 大师

SHANGHAI PHILHARMONIC ORCHESTRA
上海交響樂團

SECOND OPEN-AIR CONCERT

FOURTH SUMMER SEASON
JULY — SEPTEMBER
— 1945 —

Sunday, August 12th, 1945 at 8 p. m.

Prof. ARRIGO FOA
Conducting

WAGNER . . . . Overture "Rienzi"

ITALIAN COMPOSERS . . . . Soprano Solo with Orchestra

a) PUCCINI . . . . Aria "Tosca" from Opera "Tosca"
b) PUCCINI . . . . . Aria "Mimi" from Opera "La Boheme"
c) PUCCINI . . . . "Musetta Song" from Opera "La Boheme"

Miss CHIH LAN KAO, Lyric Soprano

LISZT . . . . Symphonic Poem "Les Preludes"

— INTERMISSION —

BERLIOZ . . . . Excerpts from "Damnation de Faust"

a) Dance of Sylphs
b) Hungarian March

TSCHAIKOWSKY . . . . Capriccio Italiano

In case of cancellation, the concert will be held on the following day.
Only in case the concert is interrupted before the interval — admission shall be refunded.
注意： 本音樂會如因天雨或其他原因停演，順延至翌日舉行。
開演之後，如於休息前因故停演，票欵一律退還。

1945 年 8 月上海工部局交响乐队第二次露天音乐会节目单

第三节　音专毕业之后

1942年音专毕业之后，我仍旧跟苏石林老师学习声乐。“二战”前夕，欧洲许多犹太籍音乐家到上海避难，大为活跃了上海的音乐活动。我跟Margslinsky学习德国Lieder（Schubert，Schumann，Brahms，Richard Strauss Hugo Wolf等人的作品）。Margslinsky是一位很好的钢琴家，在音乐和曲目上给了我很多指导，广泛的曲目积累是歌唱家非常必要的基础。

还有一位Lea Shonbach，原是欧洲歌剧院的艺术指导，帮助演员歌剧排练。我则跟着他学习整部歌剧音乐，包括《蝴蝶夫人》（*Madam Butterfly*）、《波希米亚人》（*La Boheme*）、《浮士德》（*Faust*）等。与此同时，我抓紧准备我的独唱音乐会。

1943年，时年21岁，我在上海兰心剧场举行第一次独唱音乐会。广获上海中外文报纸热烈好评。成为以后上海工部局乐队经常演出的伙伴。

1943年第一次独唱音乐会

第四节　主演整套西洋歌剧——中国第一人

记得有一次在交响乐团演出前两天，他们邀请的一位欧洲女高音因病不能参加演出，指挥斯娄斯基非常焦急，问苏石林先生是否可有人顶上。

苏石林即刻告诉我去接受此紧急任务。因为在节目中有一首法国作曲家马斯涅（Massenet）的歌剧 *Le Cid* 中女主角的咏叹调 *Pleurez! Pleurez, mes yeux* 是我从来没有唱过的。鉴于情况紧急，我立即找到乐谱，理解整部歌剧内容，立即背诵歌词与音乐，第二天去指挥家里请他指点，他用钢琴为我伴奏。第三天早晨合乐队，下午正式演出。音乐会后，指挥与全体乐队都非常高兴又感激我为他们解困。这种事情在国际乐坛也时有发生，能及时救场的新人常常因此得到机会演出。

1945 年，上海俄罗斯歌剧团排演《霍夫曼的故事》（*Tales of Hoffmann*），剧中有三位女主角，每一位主唱一幕。我担任的女主角剧中患有严重肺结核病，医生叮嘱她不能歌唱，但她终于禁不住魔鬼诱惑而歌唱，曲终她死在未婚夫怀里。这是俄罗斯歌剧团首次正式邀请我演出歌剧。而我过去未曾受过戏剧表演训练。我通过阅读著名表演艺术家的传记，学得艺术家们表演生涯中共同强调的一点：在表演中忘却自我，全情投入剧中人物角色中去。要深入体会人物感情去唱。记住这一点，我这一次演出很成功。当时上海中外各大报纸都给予我很好的评价。我成为在一部西洋歌剧中担任主要角色的第一位中国演员。

就在我演出《霍夫曼的故事》期间，剧团负责人在化妆间告诉我，《霍夫曼的故事》演出之后一个星期要上演《茶花女》。问我能不能担纲女主角薇奥莱塔。虽然我从未学过这部戏，而且我一直以为我比较适合唱《蝴蝶夫人》或《波希米亚人》类型的剧目，但当机会来临时，怎么可以错过。时间很短，我必须抓紧时间练习，考虑之后我决然接下这个挑战；一个星期之后主演“茶花女”！苏石林老师知道之后大吃一惊！经过这两三年的学习，他已经知道我对歌唱艺术极为严肃、认真、积极进取的态度，一定会尽心尽力迎接这个挑战，苏石林老师给了我鼓励和信心！

1945 年苏石林教授和高芝兰教授在演出后台合影

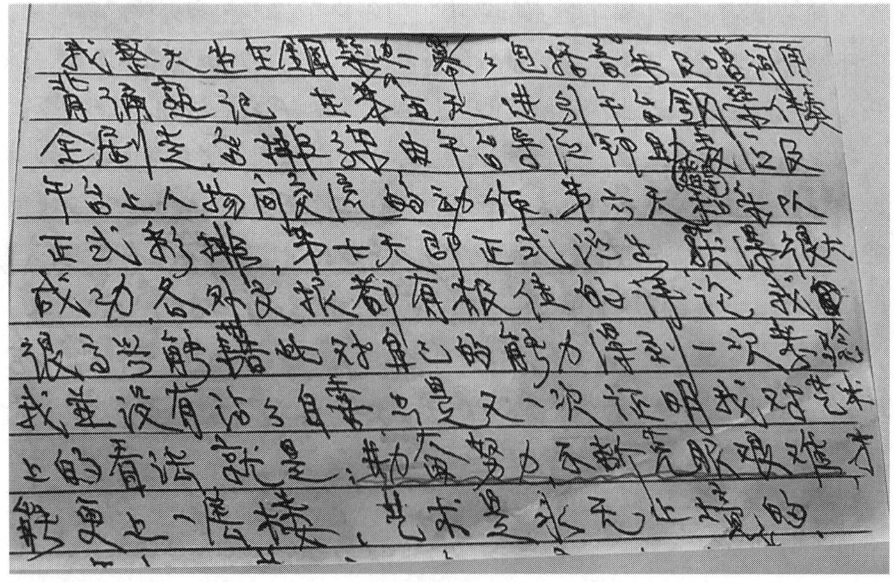

我整天在钢琴边一幕幕包括音乐及唱词用
背诵熟记 在第五天进入舞台钢琴伴奏
全剧走台排练 由舞台导演帮助我记及
舞台上人物间交流的动作，第六天和乐队
正式彩排，第七天即正式演出，获得很大
成功 各外文报都有极佳的评论，我
很高兴能借此对自己的能力得到一次考验
我并没有沾沾自喜 只是又一次证明我对艺术
上的看法 就是勤奋努力 不断克服艰难才
能更上一层楼，艺术是永无止境的

高芝兰手迹

第五节　六天成功塑造《茶花女》薇奥莱塔

演完《霍夫曼的故事》之后，第 7 天上演整部《茶花女》。

我开始着手背谱子，所有咏叹调、宣叙调，与其他角色有交流的重唱段落、音乐过门、舞蹈场面安排等必须在 4 天之内背出来。对于剧情，早已经在精读文学作品时知道了，但要体会作曲家 Verdi 用音乐语言表达剧情，要自己设计舞台形体动作，配合其他角色交流等等，都要从零开始在 4 天之内准备就绪上台。苏石林老师帮助我克服很多花腔唱段技巧的困难。

每天练唱同时还要保持嗓音的健康。不唱的时候，根据阅读几本著名翻译家的剧本，反复深入琢磨女主人翁薇奥莱塔的内心世界，对生命，自身所处的社会环境，对 Alfredo 真挚的爱情向往，彻夜思考，努力分析人物的内心，我很快进入了角色的感情世界。练习过程中，努力设计感情与词曲之间演唱技术的配合。

我告诉家里人，4 天之内，除了吃饭，谁也不要进我的房间。

第 5 天，在舞台上用钢琴与各个角色进行联排。第一次角色之间交流互动。

1945 年应邀和俄罗斯歌剧院演出 Verdi《茶花女》第二幕
父亲一角为俄国男中音 C. Koudinoff

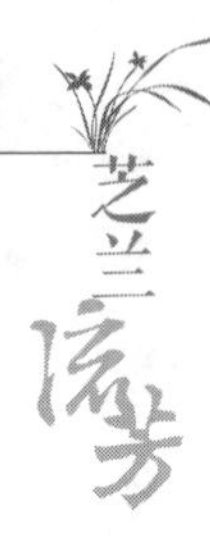

第6天全体合唱、舞蹈队、乐队联排。

第7天正式演出。非常成功！获得各界、各中外报纸极大赞赏。有不少观众被我扮演的薇奥莱塔悲剧感动而不停地擦眼泪。

苏石林老师认为在这么短的时间筹备演出这部歌剧，为西洋歌剧史上少有的例证。

事后知道，原来剧团请的那一位欧洲女高音，演出前她提高演出条件，剧团不能接受。他们根据这几年以来，与我合作的表现，临时决定邀请我担纲薇奥莱塔，对他们来说确实是一次大胆的决策。

经过这样巨大的挑战和考验，证实了自己的演唱能力。但我没有沾沾自喜，反而让我认识到：人的能力只有不断锻炼才能不断提高，对自己要有信心，要有计划地学习和安排一切。对待艺术就是要不间断地勤奋努力，克服一个又一个艰难，才能更上一层楼。艺术生涯永无止境！要坚持和善于用功刻苦学习。

1945年应邀和俄罗斯歌剧院演出威尔第《茶花女》
男主角 Alfredo 为俄国男高音 Peter Markov

第六节 1944—1946 年演出活动，上海主要外文媒体乐评

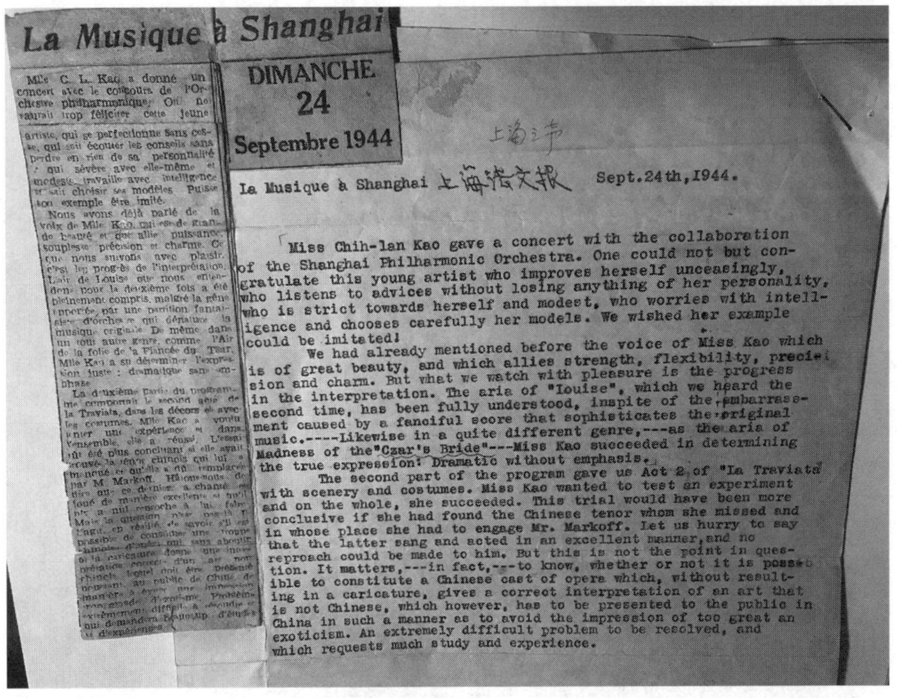

La Musique à Shanghai

DIMANCHE 24 Septembre 1944

Mlle C. L. Kao a donné un concert avec le concours de l'Orchestre philharmonique. On ne saurait trop féliciter cette jeune artiste, qui se perfectionne sans cesse, qui sait écouter les conseils sans perdre en rien de sa personnalité, qui sévère avec elle-même et modeste, travaille avec intelligence et sait choisir ses modèles. Puisse son exemple être imité.

Nous avons déjà parlé de la voix de Mlle Kao, qui est de grande beauté et qui allie puissance, souplesse, précision et charme. Ce que nous suivons avec plaisir, c'est les progrès de l'interprétation. L'air de Louise que nous entendons pour la deuxième fois a été pleinement compris, malgré la gêne apportée par une partition fantaisiste d'orchestre qui dénature la musique originale. De même dans un tout autre genre, comme l'Air de la folie de la Fiancée du Tsar, Mlle Kao a su déterminer l'expression juste : dramatique sans emphase.

La deuxième partie du programme comportait le second acte de la Traviata, dans les décors et avec les costumes. Mlle Kao a voulu tenter une expérience et dans l'ensemble, elle a réussi. L'essai eût été plus concluant si elle avait trouvé le ténor chinois qui lui a manqué et qu'elle a dû remplacer par M. Markoff. Hâtons-nous de dire que ce dernier a chanté et joué de manière excellente [illegible]

La Musique à Shanghai 上海法文报 Sept.24th,1944.

上海之声

Miss Chih-lan Kao gave a concert with the collaboration of the Shanghai Philharmonic Orchestra. One could not but congratulate this young artist who improves herself unceasingly, who listens to advices without losing anything of her personality, who is strict towards herself and modest, who worries with intelligence and chooses carefully her models. We wished her example could be imitated!

We had already mentioned before the voice of Miss Kao which is of great beauty, and which allies strength, flexibility, precision and charm. But what we watch with pleasure is the progress in the interpretation. The aria of "Louise", which we heard the second time, has been fully understood, inspite of the embarrassment caused by a fanciful score that sophisticates the original music.----Likewise in a quite different genre,---as the aria of Madness of the "Czar's Bride"---Miss Kao succeeded in determining the true expression: Dramatic without emphasis.

The second part of the program gave us Act 2 of "La Traviata" with scenery and costumes. Miss Kao wanted to test an experiment and on the whole, she succeeded. This trial would have been more conclusive if she had found the Chinese tenor whom she missed and in whose place she had to engage Mr. Markoff. Let us hurry to say that the latter sang and acted in an excellent manner, and no reproach could be made to him. But this is not the point in question. It matters,---in fact,---to know, whether or not it is possible to constitute a Chinese cast of opera which, without resulting in a caricature, gives a correct interpretation of an art that is not Chinese, which however, has to be presented to the public in China in such a manner as to avoid the impression of too great an exoticism. An extremely difficult problem to be resolved, and which requests much study and experience.

1944 年 9 月 24 日上海法文报 La Musique 上海之声　作者：Grobois[①]（法）

高芝兰小姐在上海爱乐乐团伴奏下举行了个人独唱音乐会。

这位年轻艺术家博采各种不同风格作品，而又不失她特有的风采。独唱会曲目均经过她精心选择安排。

她是一个典范，希望更多艺术家像她那样努力，对自己提出更高的要求。

① Grobios：著名音乐家、乐评家。参加过第一次世界大战，失去了一只手，装了义肢。在上海，他的乐评很有分量，多次评论过高芝兰的演出。并且高芝兰演唱的《路易斯》歌谱和许多其他乐谱，都是向这位乐评家借来手抄的。

高芝兰小姐的声音，具有魅人的感染力，严格又有可塑性。她在不断努力追求中进步。她演唱的夏庞蒂埃的《路易斯》咏叹调，我们已是第二次聆听。她的演唱十分具有想象力，能充分理解路易斯这个角色，音乐处理与原型颇为贴切。她还成功演唱了里姆斯基－科萨科夫《沙皇的新娘》唱段。极富戏剧性，但未过于夸张。

下半场表演的是威尔第的《茶花女》第二幕，舞台置有布景，穿戏服演唱。这是上次新的尝试，这对中国人而言，是十分令人惊慕的。

希望年轻的艺术家们都要像高芝兰小姐那样努力学习，勤奋苦练。

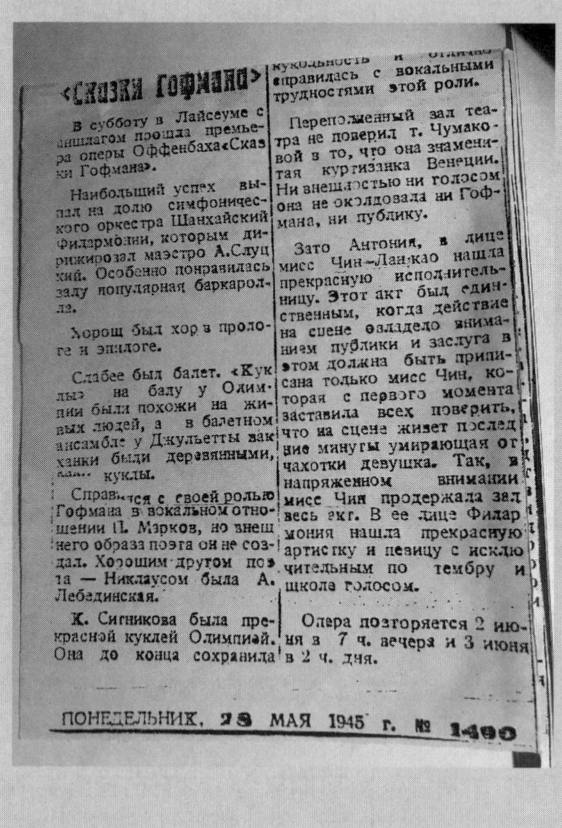

«Сказки Гофмана»

В субботу в Лайсеуме с аншлагом прошла премьера оперы Оффенбаха «Сказки Гофмана».

Наибольший успех выпал на долю симфонического оркестра Шанхайский Филармонии, которым дирижировал маэстро А. Слуцкий. Особенно понравилась залу популярная баркаролла.

Хорош был хор в прологе и эпилоге.

Слабее был балет. «Куклы» на балу у Олимпии были похожи на живых людей, а в балетном ансамбле у Джульетты вакханки были деревянными, [illegible] куклы.

Справился с своей ролью Гофмана в вокальном отношении П. Марков, но внешнего образа поэта он не создал. Хорошим другом поэта — Никлаусом была А. Лебединская.

К. Ситникова была прекрасной куклей Олимпией. Она до конца сохранила кукольность и отлично справилась с вокальными трудностями этой роли.

Переполненный зал театра не поверил т. Чумаковой в то, что она знаменитая куртизанка Венеции. Ни внешностью ни голосом она не околдовала ни Гофмана, ни публику.

Зато Антония, в лице мисс Чин-Лан-као нашла прекрасную исполнительницу. Этот акт был единственным, когда действие на сцене овладело вниманием публики и заслуга в этом должна быть приписана только мисс Чин, которая с первого момента заставила всех поверить, что на сцене живет последние минуты умирающая от чахотки девушка. Так, в напряженном внимании мисс Чин продержала зал весь акт. В ее лице Филармония нашла прекрасную артистку и певицу с исключительным по тембру и школе голосом.

Опера повторяется 2 июня в 7 ч. вечера и 3 июня в 2 ч. дня.

ПОНЕДЕЛЬНИК, 28 МАЯ 1945 г. № 1490

1945年3月25日俄文报刊乐评：

安东尼娅，由高芝兰小姐扮演。我们发现这是一位非常出色女高音。这是戏里三个不同的女演员中唯一的一幕，从头至尾能把观众吸引住的。由于她出众的努力，让人真切地感受到安东尼娅生活在生命的最后时刻。她把我们抓住，在她的歌声中我们听到，这是一位稀有的音色漂亮，技巧完美的歌唱家。

CHIH-LAN KAO EXCELS HERE IN OPERA CONCERT

When the soprano singer, Miss Chih Lan-Kao, excelled in a concert a few months ago we had the impression that she was embarking on a promising career. This opinion was confirmed in the operatic concert she gave on Wednesday at the Lyceum with the collaboration of Messrs. P. Markov, I. C. Oak and N. Yeh. The concert was the more attractive as the full philharmonic orchestra under the baton of Maestro Sloutsky co-operated.

The orchestra brought forth the overture "Il Barbiere Di Sevilla" by Rossini with temper. The selection from the opera "La Boheme" by Puccini was not very well arranged with regard to the pieces and the instrumentation. Besides, the orchestra played at times too brutally. It did so not only in the potpourri by Puccini but also in the second act of Verdi's "La Traviata," in which the too vehement orchestra occasionally drowned the singing.

Full Costumes

In this act, which was performed in full costume (by Orloff) and scenery (by Bodrostin), Miss Kao played the part of Violetta with fine comprehension of all shades in singing and acting. Her representation of the demi-mondaine was effective and moving, her beautiful voice attained all registers with the same lightness, balance and richness, and was pure particularly in the high register which resembled the chiming of bells. She sang not only with a charming voice but also with her heart.

1945年6月26日英文版上海时报The Shanghai Times评论：

高芝兰小姐在扮演《茶花女》主角时，她戏剧性的热情一直扩张到每一段唱腔，甚至于装饰音。不论在欢乐还是悲伤时刻，这位年轻的艺术家，把全身心都融入角色中。对她充沛的感情；丰满的声音，我们最近已经在她主演的歌剧《霍夫曼的故事》中欣赏过了。在“薇奥莱塔”一角中，她无论唱和演都更加把观众牢固地吸引住，使我们深深动容。

我们已经在很多场演出中，熟悉了高芝兰温暖而又饱满的声音。在《茶花女》中，她的声音清脆如钟，在死亡一幕中，她的表演极其真实，美丽的真实，让观众热泪盈眶。

高芝兰饰演“茶花女”，对角色充分深刻的理解，给予角色清晰的轮廓。她美丽的声音，在高音区具有同样的光泽，均衡，饱满。

THE SHANGHAI TIMES, TUESDAY, JUNE 26, 1945

CHIH-LAN KAO APPLAUDED IN TRAVIATA OPERA

A grand close of the winter season was witnessed with the presentation by the Russian Grand Opera of Verdi's "La Traviata" at the Lyceum Theatre last Thursday and Sunday. The rousing applause of the audience reflected the fact that the performance was not only the last of the season but by far the most outstanding of the opera company's winter repertoire.

Under the baton of Maestro A. Sloutsky, who conducted the Philharmonic Orchestra with verve, the arias, duos and ensembles of this particularly melodious opera sounded in all their dramatic abundance in which "Traviata" is much richer than "Trovatore" and "Rigoletto," which were created by Verdi at about the same time.

The dramatic passion, which extends to all particulars, even to the graceful notes of the soprano arias was very well hit by Miss Chih Lan Kao in the leading role. The artist endowed the part with the heartiness it emanates in joy as well as in sorrow. Her charming and warm sorpano voice, the full feeling of which had already captivated large audiences in the recent presentation of "Tales of Hoffman", moved the audience the more when as Violetta she manifested her versatility in singing and acting.

Miss [illegible]'s voice sounded clear as a bell, and likewise infallible in the purity of intonation, in this highest register. As an actress in the death scene she moved the audience by "dying" truly in beauty. Miss [illegible] was in fact the star of the performance, which is the more worthy of appreciation as the best singers of the Russian Grand Opera cooperated. Of these P. Markov in the part of Alfred with his wonderful grand tenor voice deserves all praise as does Koudinoff who sang the part of Alfred's father with warmth. No wonder he persuaded Violetta, charming her mind in the great aria of the second act with the argument of his mighty, splendid baritone voice.

同时期，英文版上海时报，其他音乐会评论：

星期日，上海交响乐团在Nikk（尼克）俱乐部，与来自德国、意大利、匈牙利、法国、俄国的团体共同演出。

序曲之后，高芝兰以火焰般的能量演唱“托斯卡”和“波希米亚”咏叹调，她温暖且高贵的声音，回荡在上空。

第七节 留学美国

在上海，我有很好的声乐大师指导，也能欣赏欧美歌唱大师们对经典音乐篇章的演绎，同时也见到中国前辈们留学回国之后的成就，深为他们敬业爱业精神所感动。自幼父亲刻苦自学奋斗顽强的性格传给我。我既然选择歌唱艺术作为终身事业，一定要努力钻研，我要到欧美追根寻源。当时在中国，上海是最多机会接触西洋古典音乐的城市，但不能和欧美相比。文艺复兴后数百年，欧美美声歌唱艺术发展犹如夏日花卉盛开的辽阔原野。自己虽然取得一些成绩，也只是如同春园花坛一角。我一定要到这广阔无垠的艺术世界去见识并攀登更高的峰顶。

我要留学！

我弟弟高文俊当时在圣约翰大学主修工程。平时和我最亲近，我的独唱会等音乐活动都是他一手帮我里外张罗。一透露我的想法，他非常同意、支持，而且他也有留学想法。我俩一拍即合。我们考虑当时“二战”刚刚结束，欧洲百废待兴，相比之下美国社会最平稳，进步最大，许多大艺术家都在美国活跃献艺。我们选择了纽约，我申请茱莉亚（Juilliard）音乐学院，弟弟申请哥伦比亚大学。不久，双双都获得入学证书。

首先要解决经济问题。父亲虽然高兴并支持我的理想，但已经年迈，供养我们兄弟姊妹 7 人，已经很不容易，绝对没有力量供我们留学。1946 年，弟弟协助我开了两次独唱会，加上父亲的一些朋友知道我的理想后也都慷慨解囊给予资助。我们说明了为留学筹款，音乐会票价比平时有所提高。已经熟悉我的观众也都踊跃支持。居然筹到 3000 多美元。基本解决了留学费用的困难。

我们乘运兵船最便宜的舱位，在海上漂洋一个月后，于 1947 年 1 月顺利抵达纽约。

1948 年在美国纽约哥伦比亚大学剧场举行独唱音乐会时在后台留影墙上的照片均为在该剧场演出过的著名音乐家

第八节　茱莉亚音乐学院和曼尼斯音乐学院

弟弟进了哥伦比亚大学读工程。我如愿进了茱莉亚音乐学院。

学校分配 Prof. Edith Piper 为我的主科老师。1947 年 1 月到 8 月，我跟着她上了两个学期的课，觉得她对我没有什么帮助，必须换老师，刚好有位同学准备去考曼尼斯（Mannes）音乐学院。据说那里有一个奖学金名额，很多人去考。我也准备了曲目应试，结果我拿到了那个奖学金名额。

1947 年 9 月，我开始跟 Frances Newsom 教授上课。Newsom 教授是一位音乐会歌唱家（Concert Singer）。那时，她 50 多岁，很有风度，年轻漂亮。最宝贵的是她掌握的曲目很广。我很高兴找到了自己需要的老师，她也很喜欢我，经常带我去听音乐会。有一次，我和她听斯义桂的独唱会，Newsom 老师非常赞赏斯义桂的演唱。

这里，我想清楚说明，所谓善于学习，首要的是自己要有一个明确目标，想达到什么学习目的。第一次，我尽了一切努力争取来到苏石林教授的班上，因为他的演唱，使我向往他的高超艺术成就。第二次，来到茱莉亚音乐学院，第一位老师对我赞赏有加，但 8 个月下来却不能让我有更多学习曲目和发声技巧的提高。我不能耗费时间，因此提出转学。曼尼斯音乐学院奖学金招生，适逢良机。

在纽约几年学习期间，我听了许多世界著名音乐家的音乐会。例如，著名黑人歌唱家 Marian Anderson，专门演唱华格纳歌剧的瑞典女高音 Kirsten Flagsted、著名黑人女高音 Leontyne Price、男高音 Jussi Bjorling 和 Tito Schipa、男低音 Ezio Pinza 等等。

同时观赏了很多部歌剧和交响乐：男高音 Jussi Bjorling 主演的 *Il Trovatore*；著名指挥家 Arturo Toscanini 指挥的威尔第《安魂曲》（*Requiem*）以及 Leopold Stokowski 指挥的交响乐音乐会。在纽约每天都有歌剧、音乐会等活动，音乐院校学生有很多机会拿到彩排或者正式音乐会的优惠票。一些有钱人，订票之后临时不能出席，就让给音乐院学生免费享受很精彩的音乐节目。

对于学习音乐艺术的人来说，加强各方面的艺术修养是非常重要的。例如，绘画、雕塑、芭蕾舞、戏剧、参观博物馆等等，在纽约十分方便，且对青年学生票价十分优惠。

声乐老师 Newsom 教授大大开阔了我的演唱曲目，给了我许多美国和拉美作曲家作品。例如，Heither Villa-lobos 的著名声乐作品 *Bachiana Brasileiras No.5* 其中第一首咏叹调 *Aria Cantilena*，我听过大都会歌剧院演员著名巴西女高音 Bida Sayao 在音乐会上唱过，我非常喜欢这首歌，立刻到书店买了谱子学习。这样，我学习积累了很多曲目，购买很多有价值的乐谱。这对于我后来从事教学工作，帮助很大。1948 年秋季，我在曼尼斯音乐学院举办了个人独唱音乐会，获得艺术家文凭（Artists Diploma）而且社会给予我广泛好评。

David Mannes（1866—1959）
曼尼斯音乐学院院长

老院长 David Mannes 亲临聆听我的独唱音乐会，向我祝贺，并提出了让我留校任教。这位老院长是一位小提琴家和指挥家。亲自创建了曼尼斯音乐学院（1916）。他全身心投入致力于音乐艺术教育，关心青年学子。那一年，他已经 82 岁高龄，他的祝贺鼓励使我终生难忘，使我永远缅怀他虔诚地从事艺术教育事业的精神。

自从踏进“国立音专”之日起，蔡元培、萧友梅、黄自等前辈，在美国又看到 David Mannes 中外艺术家们向后人传达“美育”，用艺术载德育人，惠及社会，他们是以艺术高尚情操培育社会人群的先行者，我要以他们作为我终身学习的楷模。

1949 年由于我决定回国，对于 David Mannes 老院长留校任教的邀请也谢绝了。

第九节　旅美期间社会活动

除了文化艺术观摩，我也参加一些社会活动。

1948 年，著名女作家赛珍珠举办有关中国主题的研讨会，特地邀请我去演唱中国民歌。这次活动让我终生难忘。

我热爱中外文学作品，赛珍珠是我最喜欢的当代文学家之一。她出生在一个美国传教士家庭，自幼生活在中国约 40 年。热爱中国，主要以文学形式向西方世界介绍中国。她因《大地》等中国题材著作，于 1938 年荣获诺贝尔文学奖。我看过《大地》，对理解世事启发很大。后来此故事也拍成电影，我都很喜欢。也是她最早把中国文学名著《红楼梦》《水浒传》等翻译成英文，对西方世界认识中国影响深远。这也对于后来抗战时期，美国社会热心投入帮助中国抗战起了深刻的感情铺垫作用。美国前总统乔治·布什就曾经说过，他是通过赛珍珠的文学作品开始认识中国，喜欢中国文化。1937 年，赛珍珠应宋庆龄邀请，亲自参与并组织很多援华抗日筹款的活动。当时的罗斯福总统夫人，也参与了筹款活动，对中国抗日战争给予很大支持。

我应这样一位声望出众的文学家邀请，承蒙她把我隆重介绍给满堂嘉宾并演唱中国民歌，我感到十分荣幸。

事后不久，纽约电台又邀请我去录制中国歌曲向美国听众播放。在纽约，有幸遇见俄国作曲家齐尔品（Alexander Tcherepnin）。他曾经到中国并举办过钢琴作品比赛，贺绿汀的《牧童短笛》获得首奖。齐尔品和中国钢琴家李献敏结为夫妇。他与苏石林、斯义桂都很熟。和他结交之后，他希望我在美国开一个演唱他作品的专场音乐会，我欣然答应。可惜后来我回国了，没有实现对他的承诺，很遗憾。

第十节　结婚

1948 年，在纽约认识了马家骅，他当时在纽约大学攻读工业管理学位。赴美前他毕业于上海交通大学。他有一副好嗓子，热爱古典音乐。他告诉我，在上海也跟斯义桂先生学过声乐。我们认识后，经常一起听音乐会。经过一段时间，我们的友谊进展为更深的感情，决定结为终身伴侣。

1949 年 5 月，听到中华人民共和国即将成立的消息，我俩为之振奋，决定回国。回上海经过香港，我们在半岛酒店邀请双方在港亲戚朋友举行了简单婚礼。

1949 年 10 月，回到上海。1950 年，我开始受聘于上海音乐学院，家骅受聘于上海财经大学，教授工商管理。

1983 年在上海家中，与丈夫家骅及女儿马小兰合影

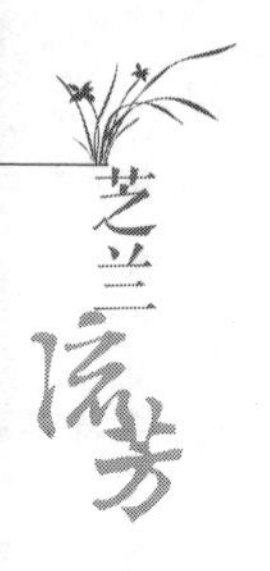

第十一节　上音，我的母校，我回来了

我在学校教学期间，经常参加音乐会与其他社会活动。1953 年夏天，中国文化部组织了“中国艺术代表团”，参加在罗马尼亚举办的世界青年联欢节。团长是周巍峙，副团长李凌，代表团成员 100 余人。包括李少春、叶盛章等京剧组，上海北京两地，经选拔组成舞蹈队，上海及中央合唱团经选拔组成合唱队，王昆、郭兰英、黄虹民歌独唱，傅聪、周广仁钢琴独奏，西洋唱法的男中音林俊卿和女高音高芝兰等。出发前，集中在北京排练。出国前在中南海汇报演出。出国路过莫斯科时，艺术团演出一场。我唱了柴可夫斯基《黑桃皇后》中的莉莎咏叹调。

青年联欢节上，中国艺术代表团丰富多彩的节目一致受到各地观众高度赞扬。联欢节结束后，当即受到波兰、东德政府邀请去这两个国家的每个城市巡回演出，每个国家演一个月。每到一国都用原文演唱当地作品。到处都是热烈欢迎的人们。

这使我深受感动的是：新中国成立后，中国对于文化事业的发展不但重视民族文化艺术的传承，并且也十分注重向世界各民族经典文化艺术借鉴学习。这是我们的文化发展的国策。几个月来，热情地握手拥抱，真挚诚恳地交流，让我深深感到通过文化交流建立起来的各国人民的感情，是牢固不破的心灵互通纽带。

艺术代表团出国前在北京集训，最后在中南海怀仁堂向中央首长做汇报审查演出。对于演出者而言，不只是对我们艺术成就的肯定，更是最高的政治上的信任，使每个成员都深受鼓励。回国后，我们受到首长热情接见。周总理讲话中甚至表彰我们两位西洋美声传统歌唱家“是我们的国家之宝”，使我们深受鼓舞。

1957 年，文化部指派我参加访英青年代表团。上海 3 人，工会、学联各 1 位，我是文化代表，一行 6 人，在英国一个月，参观了剑桥大学，幸运地见到著名的汉学家李约瑟博士（Dr. Joseph Lee）。他亲自带我们参观他的博大丰富的中文图书馆。当年我抱着学习的目的，参与了《中国辞海》

上海音乐学院歌剧课，排演歌剧《游吟诗人》片段，高芝兰演女主角 Leonora

有关音乐方面的编撰工作，因此对李约瑟博士渊博的中国文化研究已有所闻，今日亲眼目睹他的工作环境，做学问的严谨态度，深有感触。对于这位闻名世界的汉学家我是敬佩已久。今能和他亲切恳谈感到十分高兴。

我们一行 6 人，参观苏格兰煤矿场，深入井下。我们分别住在煤矿工人家里，与他们交往，倍感亲切。

此行，见识了 Bagpipe 民族风格的风笛，男士们的格子短裙，十分风趣。对我来讲，有机会在著名音乐厅 Albert Hall，听了两场音乐会，印象深刻，很好的艺术享受。

综合这些经历，学者、工人、音乐会，民族风格之纯朴、亮丽、别致……我的感受就是真实。真实的民族风格传承，真实做学问的严谨态度之可贵！这种真实是一个民族屹立不衰的精神支撑。

这期间，1957 年至 1958 年我们和保加利亚歌剧院、音乐院都有较多的交流。我都有参与。音乐院院长丘尔金教授，是一位男高音歌唱家，又是作曲家，在我访问保加利亚时接待我们。他来华讲学时接触更多，结束讲学之前，他请我用中文演唱他的两首曲子，《蓝眼睛的姑娘》和《日夜

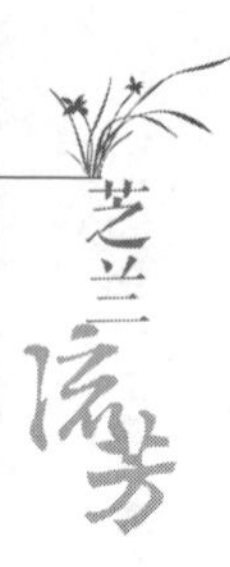

思念你》。他亲自钢琴伴奏和我在唱片厂录音。

1961 年，中国唱片公司邀请我录制一张外国歌剧选曲和艺术歌曲选集。所有歌剧咏叹调曲目则由上海交响乐团伴奏，指挥由黄贻钧、陆洪恩、曹鹏三位分别担任，小提琴由陈又新伴奏。一个下午完成 12 首咏叹调录音。艺术歌曲则由邱和西先生钢琴伴奏。根据唱片公司要求全部作品用中文演唱。此唱片于 1989 年，荣获全国评选“金唱片”奖，我特地赴京接受文化部颁奖。我很珍惜这作为我歌唱艺术努力的嘉奖，并且非常感谢努力配合录音工作的三位指挥和钢琴伴奏以及全体乐团的努力。

第十二节　多次应邀出任国际声乐大赛评委

巴西举办声乐比赛很多年，所请的评委都由国际业界著名艺术家或者教授担任。1985 年，汪燕燕在巴西声乐比赛获 3 个头等奖，让国际声乐评审界注意到中国有一位 Zhilan Gao 教授。

我教的学生 Bel Canto（美声）基础打得扎实，学生掌握西洋传统经典曲目之外，对有影响的现代声乐作品也有很深的造诣。汪燕燕古典传统曲目比赛荣获第一名之后，又在巴西作曲家作品比赛夺冠，这让巴西比评委团十分敬佩，遂致函我国文化部指名邀请我担任 1987 年第 13 届巴西声乐比赛评委。此前，中国少有派出担任声乐比赛的评委，在上音更是没有过的事。据说，上音有人极力反对我出任评委。不知何故（我本人没有出席这个讨论会）。争持最后，还是按巴西的邀请信，让我出席该比赛担任评委。

1990 年，莫斯科举办第 9 届柴可夫斯基声乐比赛，也邀请我出席担任评委。本来孙秀苇已经报名准备参赛，临行前，不知何故却不能成行。可惜。

比赛后评委们被安排参观柴可夫斯基纪念馆，瞻仰大师生前住宅，使用的钢琴，他的雕像，墙上挂满柴可夫斯基时期的照片、作品手稿等纪念品。这些活动不断让我脑海里回响着大师的音乐起伏，肃然起敬。

CIC
87
BRASIL
13º CONCURSO INTERNACIONAL DE CANTO — RIO DE JANEIRO
1º CONCURSO PARA PIANISTAS ACOMPANHADORES
- DE 10 A 20 DE JUNHO -

第 13 届巴西国际声乐比赛评委及选手节目单封面

1987 年高芝兰担任巴西第 13 届国际声乐比赛评委时，与巴西著名女高音 Bidu Sayaeo 合影

1990 年莫斯科柴可夫斯基国际声乐比赛评委及节目单封面

1990 年高芝兰应邀赴莫斯科担任第 9 届柴可夫斯基国际声乐比赛评委，参观柴可夫斯基故居时于柴可夫斯基生前所用钢琴旁留影

1990 年高芝兰应邀赴莫斯科担任第 9 届柴可夫斯基国际声乐比赛评委，参观柴可夫斯基故居时与苏联评委主席著名女中音阿希波娃合影

1990 年参加莫斯科柴可夫斯基国际声乐比赛评委参观柴可夫斯基故居游览

自从 1956 年，恩师苏石林教授回苏联教学以后，我和苏石林老师及夫人周慕西尚有联系。这次来到莫斯科，我向赛事举办当局提出带我去瞻仰苏石林老师墓地。感谢他们安排我到墓地献花致敬致哀。

此次比赛，又遇见巴西比赛主持人，她非常高兴又邀请我再次担任 1991 年巴西声乐比赛评委，这次我是直接由美国飞往巴西的。

苏石林教授1956年回苏联后，在莫斯科音乐学院担任声乐教授。门前留影

1991 年巴西第 15 届国际声乐比赛，高芝兰与法国著名女高音 Mady Mesple（中）在评委席上

1990 年柴可夫斯基声乐比赛和苏联评委 Matty Palm 合影

1990 年柴可夫斯基声乐比赛节目单封面

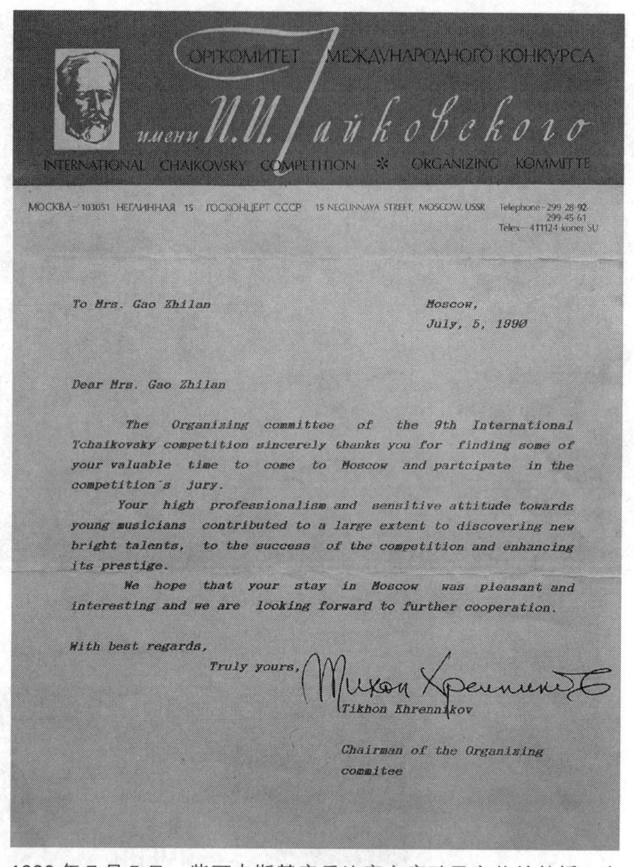

ОРГКОМИТЕТ МЕЖДУНАРОДНОГО КОНКУРСА

имени П.И. Чайковского

INTERNATIONAL CHAIKOVSKY COMPETITION ✲ ORGANIZING KOMMITTE

МОСКВА–103051 НЕГЛИННАЯ 15 ГОСКОНЦЕРТ СССР 15 NEGLINNAYA STREET, MOSCOW, USSR Telephone–299-28-92 299-45-61 Telex–411124 koner SU

To Mrs. Gao Zhilan

Moscow,
July, 5, 1990

Dear Mrs. Gao Zhilan

The Organizing committee of the 9th International Tchaikovsky competition sincerely thanks you for finding some of your valuable time to come to Moscow and partcipate in the competition's jury.

Your high professionalism and sensitive attitude towards young musicians contributed to a large extent to discovering new bright talents, to the success of the competition and enhancing its prestige.

We hope that your stay in Moscow was pleasant and interesting and we are looking forward to further cooperation.

With best regards,

Truly yours,

Тихон Хренников

Tikhon Khrennikov

Chairman of the Organizing commitee

1990 年 7 月 5 日，柴可夫斯基音乐比赛主席致函高芝兰教授，表达对高先生极高专业水平的赞扬与敬佩。期盼今后更多的合作

致高芝兰女士莫斯科

1990 年 7 月 5 日

亲爱的高芝兰女士：

谨代表第 9 届柴可夫斯基国际音乐比赛组委会，感谢您抽取宝贵的时间前来莫斯科担任比赛的评委。

您在音乐方面的高度专业性和敏锐性，在很大程度上有效地帮助挖掘了新的音乐人才，并使得这届比赛能成功圆满的举办。

我们希望您在莫斯科度过了一段美好的时刻。期待在不久的将来，继续与您合作。

献上最诚挚的祝福（此信由萧显扬先生做中文翻译）。

第 15 届巴西国际声乐比赛评委及选手节目单封面

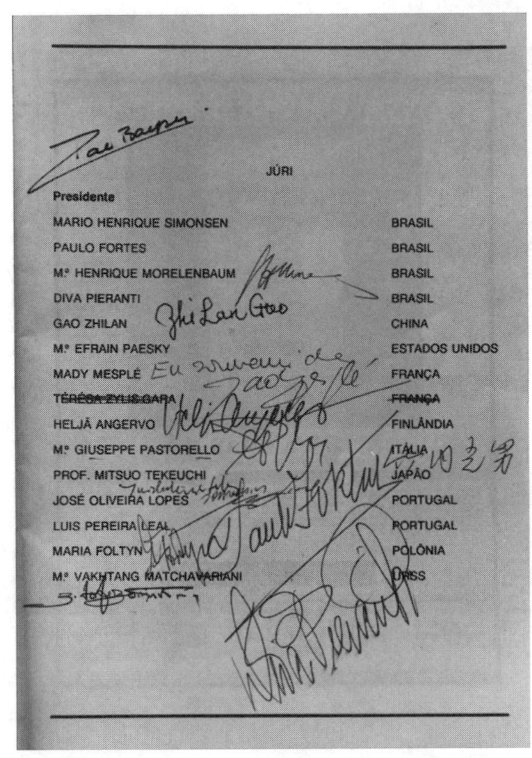

JÚRI

Presidente

MARIO HENRIQUE SIMONSEN	BRASIL
PAULO FORTES	BRASIL
Mº HENRIQUE MORELENBAUM	BRASIL
DIVA PIERANTI	BRASIL
GAO ZHILAN	CHINA
Mº EFRAIN PAESKY	ESTADOS UNIDOS
MADY MESPLÉ	FRANÇA
~~TÉRÉSA ZYLIS-GARA~~	~~FRANÇA~~
HELJÄ ANGERVO	FINLÂNDIA
Mº GIUSEPPE PASTORELLO	ITÁLIA
PROF. MITSUO TEKEUCHI	JAPÃO
JOSÉ OLIVEIRA LOPES	PORTUGAL
LUIS PEREIRA LEAL	PORTUGAL
MARIA FOLTYN	POLÔNIA
Mº VAKHTANG MATCHAVARIANI	URSS

1991 年巴西第 15 届国际声乐比赛评委名单，高芝兰为应邀评委。各评委签名留念

1991 年巴西第 15 届国际声乐比赛和意大利评委 Pastoretto 在评委席上合影

1991 年巴西第 15 届国际声乐比赛，高芝兰任评委

第十三节 促成上音与美国声乐界交流活动

1966年至1976年，由于“文革”，上海音乐学院教学工作都停顿下来。当然，我的所有演唱活动也停止了。1976年开始，领导号召恢复教学。我曾参加去内蒙古招生工作。与国际文化交流也逐步恢复。1978年，斯义桂先生偕夫人李慧芳（钢琴家）来上海讲学，系里安排许多青年教师跟他上课。斯先生不但是一位杰出男中低音歌唱家，而且是一位很好的声乐教授。安排跟他上课的青年教师在他结束上海大师班讲课时，开了一场音乐会。他特别邀请我在此音乐会中做示范演出舒曼的套曲《妇女的爱情与生活》、*Frauenliebe und Leben* 以及 Hugo Wolf 和 F.Schubert 两位作曲家的歌曲 *Mignon*。斯先生的用意是比较两位作曲家，采用同一题材，却又展现他们彼此不同的音乐风格。

此行，斯先生还赠送给上音很多教材和音响资料。

斯义桂先生偕夫人李慧芳（钢琴家）来上海讲学

1979年美国著名花腔女高音歌唱家、纽约大都会歌剧院主要演员Roberta Peters来上海开音乐会。我参加了接待工作。由于我们对共同专业的热爱，很快建立了友谊，我教她在音乐会结束时唱一首中国歌曲，黄自的《花非花》作为返场节目，她很快便掌握了，演出效果很好，得到热烈掌声。Roberta的歌唱给我们留下深刻甜美的印象。

20世纪80年代，在纽约听课期间，Roberta女士两次邀请我去她家做客，并请我去听她在大都会歌剧院演出《弄臣》(*Rigoletto*)。

后来我移居美国，在电视里又见到她演唱《花非花》。让我重温这段友谊。

1980年在纽约艺术家协会和大都会歌剧院著名女中音歌唱家Rise Stevens合影

1981年与来上海音乐学院讲学的茱莉亚音乐院教授Daniel Ferros合影

在茱莉亚音乐学院听课期间，与声乐教授 Ferro 先生和夫人结下友谊。多次去他们家做客。我回国后，向上音领导汇报，建议邀请 Ferro 先生夫人来上音讲课。1981 年 Ferro 先生应邀来院讲课，由此开始上音和美国最著名的音乐学院建立起具有历史意义的学术交流活动。

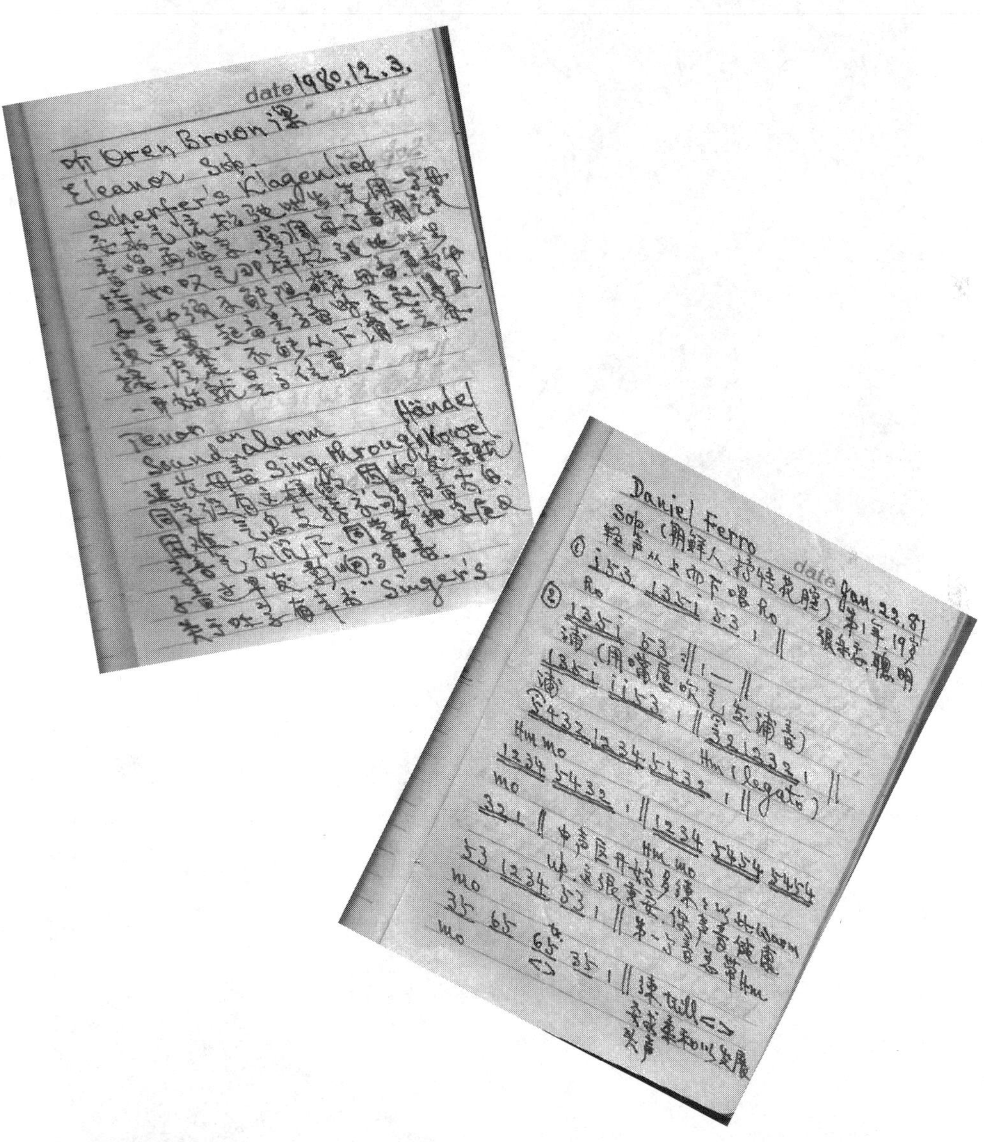
date 1980.12.3.
听 Oren Brown 课
Eleanor Sop.
Schaefer's Klagenlied
Tenor
Sound an alarm
Händel
Daniel Ferro
Sop.
date Jan. 29. 81

这里展示高老师在美国做访问学者期间，做的听课笔记部分页面。按日期查看，高老师在美国期间，没有缺过一天课

1980 年，我作为访问学者应邀去纽约访问茱莉亚音乐学院。赴美前，我在上海音乐厅举行了独唱音乐会。

1980 年 10 月在上海音乐厅举行独唱音乐会

1980 年 10 月在独唱音乐会后贺绿汀院长上台祝贺

1980 年 10 月在上海独唱音乐会节目单封面

节 目 单

1.我心里不再感到	柏伊西埃洛
为何我毫无睡意	亨德尔
2.我爱你	葛里格
梦	葛里格
在我柔发的荫影下	沃尔夫
迷娘	沃尔夫
3.阳关三叠	古曲　王震亚配伴奏
嘉陵江上	端木蕻良词　贺绿汀曲
花非花	白居易词　黄自曲
4.咪咪的离别　选自歌剧《波希米亚人》	普契尼曲

休 息

5.他是总理	天安门诗抄　周德明曲
爱人送我向日葵	邹荻帆词　丁善德曲
柯尔克孜民歌三首	罗放编词　陈钢编曲
(一)春来了	
(二)青年	
(三)大拇指写信	
6.在这明亮的夜晚	山缪尔·巴勃
彭求先生	加米尔·尼柯尔生
蝴蝶	華利克司·富德朗
狂欢节	華利克司·富德朗
7.霍塔	玛努埃尔·德·法耶
波罗	玛努埃尔·德·法耶

钢琴伴奏：丘和西

一九八〇年十月三日于上海音乐厅

1980 年独唱音乐会节目单

第十四节 寄望上音

喜见上音历经风雨，重归尊崇1927年创办人蔡元培、萧友梅、黄自等先辈的遗愿，用音乐艺术之美，孕育国民人格品德的升华。经历80余年，数代同仁呕心沥血，辛勤贡献，甚至于为捍卫艺术尊严付出生命为代价，造就了今天“上海音乐学院”这份家业。诚恳地期望当今和后继同仁，在先辈艰苦奋斗办学精神指引下，取得更好的立德树人的成绩，培养更多具有人性之美与良知的艺术家。

这是我第一个祈望。

第二，创作更多音乐作品，为后代子孙留下实据，证明我们这一代人的确曾经努力工作，继承弘扬了中外古今优秀文化。

文艺复兴以来，对于价值观，千万部经典巨著有抒不尽的情怀。我们这一代人理应有更多反映这个时代的代表作品。

第三，对声乐系，我想说的是，师资是完成我们教学使命的主力。师资的音乐修养和掌握剧目曲目多寡，是因材施教的重要保证。理应组织力量做好系统的教材整理建设工作，鼓励师资努力提高人文专业修养。

祝福大家健康快乐地完成教学工作。不辜负创校先贤期望。

第十五节 告别

自从我1950年开始任教上音，在教学和演出等工作方面，有过很愉快的时刻。而我现在，则有一种疲惫的感觉。这不是由于教学、演唱的劳累所致，而是历经几十年沧桑变幻，风风雨雨，心身疲惫。

如今晚年，我需要脱离烦嚣、聒噪、虚假的环境。让自己沉浸在纯洁的音乐艺术里，追求完美的心灵享受。在真实、仁爱、安宁、慰藉中度过晚年。

此时，很想用马勒（Mahler）的一首歌，作为我的最后告别的伴乐：

Ich bin der Welt abhanden gekommen

歌词：

我已经在这世界消失了，
这个我浪费了多个日子的地方。
他们已经很久没有听到我的消息，
也许真的以为我已经死亡。
随它去吧，任由人们以为我已经辞世，我也无须辩驳。
因为我确已长辞，辞别了这个世界。
我已长辞人世间的混乱，在安宁的国度安息。
独自活在我的天堂，活在我的爱里，
活在我的歌中。

（以上主要内容亦刊登在人民音乐出版社《歌唱艺术》2020 年 9 月刊）

 第十六节　高芝兰教授艺术生涯纪实

1922.1.26	生于杭州。幼年移居上海，就读南市区民立附小，升附中
1937	高一之后，考取上海国立音专声乐系，师从周淑安老师
1938	高芝兰转入苏石林教授班，二年级，逢黄自先生不幸逝世，萧友梅校长指派高芝兰献唱古诺《圣母颂》致哀
1942	上海国立音专声乐系毕业
1943	上海兰心剧院举行首场独唱音乐会
1944	应侨居上海的俄罗斯歌剧团之邀，担任歌剧《霍夫曼的故事》女主角安东尼娅。为在中国完整主演一部西洋歌剧的首位中国演员。此后一周，仅六天准备，再次主演整套歌剧《茶花女》，任主角薇奥莱塔
1944—1946	与当年上海市政府交响乐团合作多场音乐会以及歌剧专场音乐会
1946	为留学美国，举办两场筹款独唱音乐会

续表

1947	1月抵达纽约，入学茱莉亚音乐学院，师从 Edith Piper 教授，9月转学曼尼斯音乐学院，师从 Frances Newsom 教授
1948—1949	在曼尼斯音乐学院，举办独唱音乐会。获得 Artists Diploma 文凭毕业，校长亲临鼓励，并获留校任教邀请。在纽约哥伦比亚大学剧院，举办独唱音乐会。获美国近代作家赛珍珠女士邀请，参加中国主题演讲会，献唱中国民歌。获纽约电台邀请，录制中国歌曲节目，向世界播放
1948	邂逅马家骅先生
1949	决定回祖国效力。回国路经香港成婚。10月返回上海
1950	获聘上海音乐学院副教授
1953	夏季。参加“中国艺术代表团”赴罗马尼亚世界青年联欢节之后，巡演德国，波兰等国家两个月。回国后获周恩来总理表彰为“国家之宝”评价
1956	恩师苏石林教授在美琪大剧院开告别音乐会，同年回国任教于莫斯科音乐学院
1957	参加中国青年代表团访问英国
1957—1958	其间参加中国——保加利亚歌剧院，音乐院文化交流活动。并为丘尔金院长作曲的《蓝眼睛的姑娘》《日夜思念你》歌曲录音
1961	应中国唱片公司邀请，与上海交响乐团合作，录制《女高音高芝兰歌曲集》唱片。同年4月加入中国共产党
1975	开始对胡晓平校外私人免费授课
1976	学校复课，参加内蒙古招生工作
1978	斯义桂教授夫妇回国访问。高芝兰应邀示范演唱《妇女的爱情与生活》
1980.10.3	在上海音乐厅举行独唱音乐会
1980	获茱莉亚音乐学院 Peter Mennin 院长邀请，作为访问学者赴美访问。这时候高芝兰老师的职称仍旧是30年前的“副教授”
1982	学生胡晓平获匈牙利柯达依歌唱比赛一等奖
1983	马家骅先生逝世，同年9月弟弟文俊去世
1985	学生汪燕燕获巴西12届声乐比赛3项大奖
1987	高芝兰教授受邀参加第13届巴西声乐比赛担任评委
1989	获首届中国“金唱片”奖
1990	应邀参加柴可夫斯基声乐大赛任评委。拜谒恩师苏石林教授陵墓
1991	再次应邀参加巴西第15届声乐比赛任评委
1991	退休。移居美国
2011	只身赶赴华盛顿观看孙秀苇主演《图兰朵》。退休后10年，补发“中国金钟奖”
2012	被授予“中国文艺家终身荣誉奖”
2013.4.12	于美国圣地亚哥逝世

2004 年 10 月采访高芝兰，留影于圣地亚哥敬老院花园

第二章

『教』与『学』

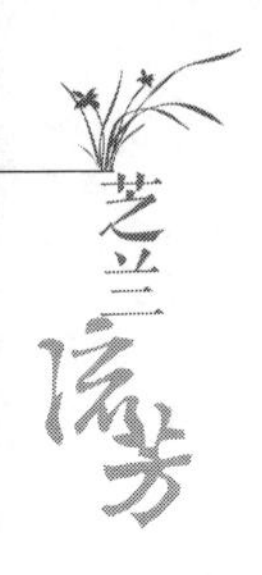

第一节 “教”

——高芝兰声乐教学理念概述①

1950年年初，高芝兰老师开始在上海音乐学院从事教学工作。按规定，每位教师一个学期最多教8个学生。高老师总是满额执教。因为校外想要跟高老师学习的人很多，甚至于已经毕业的学生，仍回来请求上课，高老师只得挤出个人时间，全部为他们义务上课。多年下来，教过多少学生，已经很难计算了。

声乐学习，高老师主张：认准目标、坚持目标、善于学习。老师先要了解学生，师生之间互信真诚相交。为人师表对学生们有上行下效的示范作用，教师的“教德”不正，是教不出好的歌唱艺术家的。这就是高老师一直强调“好好做人，好好歌唱，好好生活”基本声乐教学原则。

一、美声（Bel Canto）的基本概念

跟高老师学习5年，我理解老师对Bel Canto的审美观，源自作品内涵的需求。“美声”要求发声通畅圆润，富有穿透力，音色明亮华丽，刚柔并济、收放自如等优点。Bel Canto，在意大利语中，是指美好的歌唱。实

---

① 本节概括我1959年至1964年跟随高芝兰老师学习声乐的心得，综合2004年专程赴美采访高老师谈论教学，又汇集2018年采访一些同学写的跟随高老师学习心得。整理为高芝兰教授声乐教学理念简要。——程振华

际上，无论是哪种语言，对于“发声”的审美认知都是相同的。而离开经典作品，只谈“美声”技巧与方法，就无的放矢。技巧只是工具，不是目的，更不是艺术！我认为高老师的意思：我们习惯了统称“Bel Canto”应该理解为欧洲各国古典声乐作品的演唱方法。用这一方法演唱德，法，意，英，俄等歌剧和艺术歌曲。

二、歌唱的呼吸

高老师认为，学习“美声”歌唱是把我们的身体培养成会歌唱的“乐器”，但在教学过程中，她绝对不赞成对学生进行生理解剖式的教学，单纯地讲身体生理机能。歌唱是抒发感情的艺术，她自开始就一再强调感情和美育培养，作为打基础的课程。所以，她对学生们演唱，要求细腻地诠释作品的内涵。很多时候，台上的表现比台下练习时的效果还好。

除此之外，高老师也强调，一定要掌握基本发声技巧，才能得心应手地表达作品内涵。歌唱技巧，先从歌唱呼吸入手。气息的支持是发声的基础，是歌唱的原动力，它决定着音量、音色、音质等。高老师说：“当年苏石林教授就是教学生们用横膈膜扩张、小腹积极支持的呼吸方法，将声音送达头腔，获得高位置的共鸣，在额窦（双眉之间）感觉到共鸣的振荡，犹如戴有一个面罩，也就是所谓面罩（mask）唱法。”气息经过胸腔、咽腔，通过一条通畅的“管道”，保持声音持续往前向上传送。中低声区都同样要求统一有共鸣的音色，声音圆润、饱满、明亮、有光泽、有穿透力，收放自如。

2004年，我再次请教高老师：“关于歌唱的呼吸是否是横膈膜在吸气时保持四周扩张状态，发声时则由小腹（一般在腰带位置之下，即所谓的‘丹田’部位）给予支持，乐句延续时横膈膜尽量保持周围扩张状态不塌下去，对吗？”高老师十分肯定地回答我：“对！实际上，歌唱的呼吸是一个统一协调运动的反复，无论音量大小、旋律高低，都一定要有气息支持，而且气息支持点绝对不能向上移动，造成胸部和颈部喉咙紧张。”

这是一个长时间有意识的横膈膜控制锻炼才能得到的功夫。高老师认为，判断呼吸是否正确，最终要以歌声为准！

三、歌唱的共鸣

高老师认为，歌唱的共鸣最主要的功能就是在气息配合下发音。受气息冲击，声带震动产生了基本音，而扩大和优化基本音则靠共鸣，共鸣是靠身体各个发声腔体产生。有些人在谈话时，已经很自然地养成了一定程度共鸣腔使用习惯，但歌唱的共鸣更需要精心而有意识地培养才能获得。各声部的低中高声区，都需要结合共鸣的使用，也就是“美声”体系所要求的“乐音”。共鸣训练要在中低声区打好基础；口腔、鼻腔很重要，必须通畅无阻才能再往上发展，得到头腔共鸣。歌者会感到鼻腔以上震动，额窦（两眉之间）产生舒畅放射的感觉。音色稳定饱满，声音有穿透力，源自丹田的气息支持，直达头腔，有这样管状通畅共鸣感觉，歌唱嗓音才能保持悦耳动听，新鲜持久。

四、声部鉴别

在2004年10月在对高老师的采访中，我特别提出声部鉴别的问题。高老师认为，美声唱法的特点之一是要有明确的声部鉴别，特别是从事歌剧演唱范畴，更是如此。声部定位，决定了歌者后来的工作、演唱角色和曲目范围。为学生确定声部，是一个很严谨的基本课题，十分重要。

Bel Canto，简单地说：有（S）女高音、（A）女中音、（T）男高音、（B）男中音几个基本声部。每一个声部还可以再细分，声乐教师对每一个声部都要有清晰、明确的声音概念。要很小心地对待每一位学生。在她/他们中声区打基础的阶段，要深入了解学生的音质特点，尽可能挖掘他们最自然、最好听的音质和潜能。经过一段时间，才能做出准确的声部定位。当然，也有人一听就能明确地做出声部鉴别。

值得注意的是，人声可塑性很大，特别是到了一定年纪，演出经验丰富，声音运用自如，可以演唱不同声音类型的作品或角色。但，他们始终都有自己最优美的声音，最专长于演唱某一类作品。

高老师说，这些年来，学生被定错声部，唱坏了嗓子的情况时有发生。出现这种情况，教师应该被问责。

高老师还提出，歌唱家由青年步入中老年，嗓音机能会随着年龄的增长逐渐衰退。因此，根据自己的实际演唱情况调整演唱曲目是有必要的。换句话说，歌唱演员的舞台生命，立于黄金高峰时期，是短暂的。歌唱演员穷其一生努力，得到的也只是整个生命中的瞬间灿烂。说起来很无奈，甚至有些伤感，但这是规律。高老师说："要抓紧，要不懈努力，要巧学，要珍惜。"

五、确立正确的声音观念

高老师认为：我们在学习过程中，一定会听唱片或别人的演唱，不自觉地就会模仿。但是，声乐家弗兰科・科莱里则说："你只能把声音模仿到某一个程度，但无法超过那个程度，你不可能违背自己的自然声音特质太久。在思考技术的时候，我们不光是想如何唱出一个漂亮的声音，首先要解决我们的思考方法。在教师指导下，要认识什么是自己最好的声音。离开这个根本就没有谱了。"

声乐教师的责任是，在发掘学生最优美的声音基础上，启发学生不断巩固、发展自己的优点。高老师说："譬如我自己，我知道自己并非一流的嗓音条件，只是有比一般人好的嗓音，属于'大号'抒情女高音。在最开始学习的时候，我的低音区用本嗓多一些，通过一段时间的学习，我可以把真假声结合起来。我的听觉很好，音质分辨能力强。我今天所获得的一切更多的是靠后天努力学成。在发声上，我思考琢磨的时间多于放声唱。"

"声音在打基础阶段，蒙苏石林老师对我的成长起着很好的监护作用。好的声音观念，是靠不断唱、听，重复、反复思考训练，巩固记忆，才逐渐建立起来。"

高老师还主张即便是已经很有成就的歌唱家，也应隔一段时间就找老师听听。因为，我们脑海中的声音记忆会潜移默化地改变自己却不察觉。说到这里，高老师以著名歌唱家斯义桂先生为例，她说："早年斯先生曾经跟男中低音歌唱家亚历山大・基普尼斯上课。后来他还会唱给基普尼斯听。"这个事例说明，歌唱专业工作者，不断保持正确的声音概念的重要性。

A. Kipnis（1891.2.1—1978.5.14）是乌克兰族裔旅欧歌唱家，二三十岁就已经很有成就，叱咤欧洲歌剧舞台，主演了所有男中低音歌剧角色，也是最早灌制唱片的歌唱家

六、教学基本理念语汇摘录

以下汇集了我个人跟高老师多年的学习心得，以及2004年采访中，高老师谈到的“美声”艺术观点和基本教学理念。也摘录了她女儿马小兰“回忆母亲”一文中，涉及声乐教学部分观点。

1. 技术不是艺术。High C是表达角色情感的需要，不是演员自我表现的机会。

2. 多年来，有些人学习美声唱法走进了误区，就是把发声技术当作主要的学习目标。一旦掌握了这些技术，背出几首咏叹调，就自以为可以走遍天下了。其实，他只是把自己的嗓音带到舞台上“显摆”，发着没有灵魂的噪音。

3. 仅仅跟着唱片学唱，就是不靠谱的野路子学习。

4. 嗓音不等于一切，除了嗓音之外，一个歌唱家，还得具有天生的热情和崇高的心灵。

5. 只要有梦想，愿意努力，肯吃苦，能坚持，你就能获取智慧，学会专心、真挚和意志。

6. 学习必须尽力而为，要主动挖掘自己潜在能力。潜力只会越用越多，越挖越深。

7. 只有当内心具备了在困难和失败之中仍然始终如一的对艺术的爱，你才有资格成为专业人士。

8. 歌唱绝对不可以只是发声器官的机械重复运动。一首曲子，无论唱多少遍，每一遍都一样要带有深刻感情，绝不可唱“油”掉。

9. 我们平时往往过多地把注意力集中在纯生理的努力上，而忘记了演唱和演奏主要是心理和想象力上的。

10. 歌唱家曲目的积累，是衡量职业水平的标尺之一。曲目积累越多，歌唱艺术生命力越长久畅旺。

11. 学生踏进我的课堂，必须要精力充沛、抛掉一切杂念、思想集中地来演绎作品。当你真实地浸润在作品的感情世界里，一堂课后，就会有焕然一新的精神面貌。

12. 歌唱家的演唱一定是本人所受的熏陶、教育、脾气、性格的反映。

13. 上课，我用心教，你要用心学，敞开你的心扉跟随歌曲内涵，师生共同进入作品的感情世界，这样的学习才叫作教学相长。

14. 在欧洲，各国歌唱训练的基本方法是一致的：气息支持，声音流畅，高位置的共鸣，三者统一。各国不同作曲家作品的差异均体现在各自的音乐风格，语言运用，音乐时代特征等方面。作为一个声乐教师，最重要的是结合每一位学生的具体情况，如其母语语言习惯、嗓音生理结构的差异、文化背景、心理素质、性格、领悟能力等因材施教。

15. 自然无伪，是艺术的灵魂，无论是做人还是唱歌，首先要讲“真诚”。

16. 音乐是一种纯洁的心灵之间的交流。它可以使我们和世界上最美好的心灵相通。

17. 让艺术之美融入我们的感情世界，升华人格品德。进而让艺术的美，使我们的社会更高尚起来。

18. 声乐教学语言越简练越好。

（以上主要内容亦刊登在人民音乐出版社《歌唱艺术》2020 年 10 月刊）

七、斯义桂先生大师班，与高老师示范演唱

2004 年访谈，高老师还说起斯义桂先生的大师班。

1978 年 7 月，斯义桂大师和夫人李慧芳老师，特来上音学校开设大师

班，在大师班结业时，特地请高老师示范演唱修曼套曲《妇女的爱情与生活》(*Frauenliebe und Leben*)，以及 Hugo Wolf 和 Schubert 两位作曲家的歌曲 *Mignon* 等。

高老师说:“斯先生觉得那些青年教师，都唱不出作品的风格韵味。斯先生开大师班，主要谈作品内容、语言、风格、音乐处理等问题。所以请我做示范演唱。示范的意义在于：同一内涵主题，而要展现不同作曲家作品风格的差异。”

这使我回想起也是 1978 年，斯义桂先生去上海讲学之前几个月，正好赶上香港浸信会大学“大专会堂”落成。特地邀请斯义桂大师于 1978 年 5 月 27 日开独唱音乐会，作为替大会堂开幕的艺术节重点节目。当时我在香港浸会大学声乐系任教，音乐会后，斯义桂大师和我们教师座谈，也的确着重谈作品的时代背景、语言、音乐风格，以及音乐会安排节目的学问，少涉及具体发声技术。现在将他独唱会节目单拿出来，供参考。

斯义桂与夫人李慧芳

Sze Yi-Kwei Bass-Baritone, Vocal Recital
Nancy Lee Sze, at the Piano
男中低音 斯義桂獨唱會
鋼琴伴奏：斯李懋芳
Date :May 27,1978.
Time:8:00p.m.
Place:A.C.Hall
日期：一九七八年五月廿七日
時間：晚上八時正
地點：大專會堂
27 May 1978
PROGRAM
1. Ombra mai fu, from "XERXES"
Si, tra i ceppi, from "BRENICE"
G.F. Handel
2. SONGS FROM SCHWANENGESANG, D. 957
F. Schubert
Aufenthalt
Ständchen
Abschied
Der Döppelganger
Der Atlas
3. Il lacerate Spirito, from "SIMON BOCCANEGRA"
G. Verdi
Non piu andrai, from "THE MARRIAGE OF FIGARO"
W.A. Mozart
INTERMISSION
4. Five Russian Songs
S. Rachmaninoff
The harvest of sorrow
Op.4 No.5
How fair this spot
Op.21, No.7
"Christ is risen"
Op.26, No.6
Love's flame
Op.14, No.10
Floods of spring
Op.14, No.11
5. Four Chinese Songs
A. Tcherepnin
My darling Hing-Tsai
Going home to celebrate the New Year
Farewell, My love
Love song of the wagon driver
一九七八年五月廿七日
節目表
I. Ombra mai fu, from "XERXES"
（歌劇「薛爾薛斯」選曲）
韓德爾
Si, tra i ceppi, from "BRENICE"
（歌劇「比倫尼斯」選曲）
II.「天鵝之歌」選曲D.957
舒伯特
②小夜曲
III. Il lacerate Spirito, from
（歌劇「西蒙・波尚奈格拉」選曲）
威爾第
Non piu andrai, from
（歌劇「費加洛的婚禮」選曲）
莫札特
＊ 休 息 ＊
IV. 五首俄國歌曲
拉赫曼尼諾夫
②這裏多美好
③基督復活
④愛之火
⑤春之泛濫
V. 四首中國民歌
亞歷山大・德勒賓
②回家過新年
④馬車夫之戀
斯义桂独唱会节目单

八、采访高老师花絮

高老师说到胡晓平同学得奖后，意大利评委著名女中音 Giulietta Simionato 好奇地问：“你有这样 Bel Canto 基本功，在意大利跟谁学唱歌？”当得知她只在上海跟高老师学唱时，感到惊讶。

（程：说到这个话题，有一个小插曲，不禁想到后来 2018 年李怡萍告诉我：“有一年，在苏黎世歌剧院，演出完毕，正和意大利女中音 Cecilia Bartoli 在餐厅用餐，一位先生走过来对我说：‘啊哈，演出之后看节目单，您的简历，果然您也是高芝兰教授的学生！刚才听您唱，气息，共鸣运用得那么好，和汪燕燕一样那么漂亮！’原来这位先生就是 Robert Lembardo，是当年汪燕燕在纽约的演出经纪人。”）

从这几位学生的成就，能看出高老师的美声艺术教学方法达到国际声乐界公认的高水平。高老师接二连三地获得邀请担任国际有分量的声乐大赛评委，绝非偶然。

在访谈中，高老师有几次让我把录音机关掉，提高嗓门，批评一些所谓留洋的教授们：在国外跟私人老师学几年，学会几首歌，就是一辈子的招牌曲目。多少年都不再学新曲目，怎么教学生？

高老师有一次和蔡绍序老师谈话，蔡老师说：“一些学生，毕业时演唱的水平，就是她一辈子的最高水平。”高老师很同意这个批评。她还批评学校考核老师的制度不合理。留校任教后，就很少练习歌，更少了舞台演唱实践。长此以往排资论辈就按助教、讲师、副教授、教授只能升，不能降。对有才华的青年教师也都慢慢磨掉了上进心。

高老师一直强调，在校打基础，毕业后进入职场是第二次学习，也是更重要的学习。对于那些年来到国外的同学，高老师知道，这些同学首先面对生活问题，语言问题，在孤单陌生的环境里，要赶学新剧目，坚持保住专业水平的舞台生活，是多么不易。想起这些同学，既牵挂又感动。往往夜深人静时，难以成眠。一旦听到这些同学，取得点滴成就，就是她最兴奋的时刻。

高老师也能理解，有人来到国外时年龄已经大了，如果又有孩子，要维持生活，再像学生时期那样啃功课，是不太可能啦，只能在业余音乐圈里活动。高老师虽然感到惋惜，却也能理解。

高老师认为无论演唱或教学，只要从事歌唱艺术专业，就要不断地努力上进。只要努力过了，就不要计较得失，一切顺其自然好好生活。

九、Bel Canto 歌唱方法在中国的未来发展

虽然高老师离开上海音乐院，还是念念不忘中国艺术院校的培养学生的方针大计。高老师认为：这是我们对于西洋传统唱法培训目标设定问题。学美声唱法这个专业，基本上以演唱欧洲文艺复兴以来的声乐作品为主。要给学生广泛曲目培训。

高老师有几位学生意大利歌唱得多，例如，孙秀苇、汪燕燕、迟立明，以及在瑞士的李怡萍等。老师教给她的俄语、德语、法语剧目和曲目，一到欧美就都能用上，基本唱法就是一个：Bel Canto。

在国内工作，当然一定要考虑用同样方法唱好中国歌。

我们有已经流传近百年的五四运动以来的艺术歌曲、抗战歌曲、民歌改编曲目等。1961 年，高老师把获金唱片奖的 12 首西洋歌剧咏叹调，全部用中文演唱，这向中国观众推广 Bel Canto 歌唱艺术，起到带头示范作用。要让中国作品推广普及向世界，高老师认为就要落实到我们新时代，新作品的创作上面。

高老师抓住了关键——作品！老师遥居美国，仍然深入思考着中国歌唱事业的未来发展。

我联想到 2017 年秋，孙秀苇邀请我去北京观看原创歌剧《骆驼祥子》。我认为这是一部里程碑式成功的中国歌剧，把咏叹调、宣叙调、独唱、重唱、合唱、大型管弦乐队等西洋歌剧的形式以及作曲架构，全都自然流畅地运用得恰到好处，所有演员都是美声唱法。精致的舞台效果，加上地道的北京味儿的音乐风格，连老舍的儿子舒乙先生都认为：“此创举的启世义意，令人震撼的艺术感染力，是老舍的原创小说和多个改编的电影话剧，都做不到的！”正如作曲家郭文景先生所说：“我不要带任何民族唱法，我就是要最纯正的美声唱法。”

沿着这条路子发展，Bel Canto 歌唱专业在中国是大有前途的。这足以告慰高老师终生培育英才的努力，攀登中国美声歌唱事业的高峰，圆梦成真。

《骆驼祥子》故事主题，一反西洋歌剧大多描写皇权贵族为主人翁，却把一群社会最底层的小人物搬上舞台。但，主题紧紧把握住丝丝入扣的人性描写，剧情紧凑，音乐张力十足。于2015年曾经巡演欧洲，引起极大轰动。每场观众都是十几分钟长时间起立鼓掌，一再谢幕。足见喜闻乐见的西洋歌剧形式，完美的 Bel Canto 演唱水平，承载了具有艺术感染力的普世价值，确实是跨越国界为人类所共享。

我作为一个中国观众，也是曾经的歌唱表演者，非常感谢并祝贺《骆驼祥子》的作曲家郭文景、编剧徐瑛、导演易立明以及全体演出组成员，千锤百炼多年的努力成果。

当晚歌剧散场后，一个人漫步长安街，我想：今晚如果高老师听到秀苇唱的“虎妞”临终前的咏叹调，该如何激动！

第二节 “学”

20世纪70年代末，中国日益开放，对外文化交流增多，陆续派人出国参加国际歌唱比赛，高老师班上有多位同学率先打头阵，叩开国际声乐比赛殿堂大门。2018年，我采访了高芝兰教授班上的几位同学，根据电话交谈录音整理成文。在此感谢汪燕燕、孙秀苇、李怡萍、张莉等同学亲自执笔撰写学习心得，作为“学”的部分。

一、高老师谈胡晓平

胡晓平，原为纱厂女工，“文革”期间，业余参加宣传队歌唱活动。1975年，胡晓平来到我家唱给我听，希望跟我学习。我听下来，觉得她条件不错，就答应教她。几乎连文化课在内，包括所有音乐基础课都教。后来，她被上海合唱团录取为演员。

1982年，文化部派人赴匈牙利参加柯达伊声乐国际比赛，我为她准备了美声曲目。其中有贝里尼的著名歌剧《清教徒》(*I Puritani*) 中的咏叹调 *Bui la voce*。此曲难度很大，既有较长连贯性乐句又有快速半音阶乐句。需要刻苦练习，才能达到乐曲要求水平。为此让她每天来我家上课，她也很努力配合，终于唱出她的最高水平。决赛要求是演一幕歌剧，我为她选了普契尼的《波希米亚人》中的第一幕，并根据剧情帮她排练，正确表达人物感情，她都能理解并做到。那次比赛一位评委，世界著名女中音 Giulietta Simionato 在胡晓平得到第一名时问她："是否在意大利学习歌唱？"她认为胡的演唱是很不错的 Bel Canto 方法。

她是中国第一位演唱者获得此荣誉。回国后文化部组织了颁奖仪式音乐会。媒体宣传得较多。我作为她的老师还应邀赴北京出席颁奖。

这之后，更多的专业青年歌手慕名而来上海向我求教。

二、高老师谈汪燕燕

汪燕燕来自北京中央乐团，担任独唱演员。她当时已经有声乐基础，唱歌很有乐感，演奏键盘乐器达到专业水平。我很乐意教她，使她在原有基础上得到提高，扩展她的曲目范围。

1985年，汪燕燕被文化部指派赴巴西参加第12届国际声乐比赛。那是南美最著名的国际声乐赛事，每两年举办一次。邀请世界著名歌唱家及教授担任评委。与此同时，也有巴西作曲家作品比赛。我帮助汪燕燕准备了一套高难度的巴西作曲家的曲目，其中有 Villa-Lobos 的著名组曲 *Bachianas Brasileiras No.5* 中的第一首咏叹调 *Area Cantilena*。这首曲子是我1947年在纽约求学时，听到当时著名巴西女高音 Bida Sayao 演唱过。我把多年来对此曲的个人理解，传授给汪燕燕，她很快领悟，演唱得十分精彩。在那次比赛中，获得西洋古典传统曲目大赛首奖，歌剧院大奖，同时还夺得巴西作曲家作品第一名。囊括整个赛事全部项目所有3项大奖。巴西的主席评委很惊讶：怎么中国选手，唱巴西作曲家作品，也比巴西选手优秀！就向汪燕燕询问她的老师是谁。1987年，第13届巴西国际声乐比赛评委会，向中国文化部发出邀请信，指名请我去担任第13届巴西国际声乐比赛评委。居然上音内部有人极力反对。但，最后还是派我去了。

汪燕燕于 1988 年赴巴黎演出，多明戈担任乐队指挥合影

铭心刻骨的深情记忆（1）

汪燕燕

1983 年，作为已经小有名气，中央乐团年轻独唱演员的我，为了不断提高演唱水平，并能争取参加国际声乐比赛，中央乐团保送我到上海音乐学院进修。很荣幸地，我能拜师高芝兰教授门下。

高先生言传身教，我也努力学习。加上我有十二三年键盘乐器专业演奏经验，我对音乐的感染力和理解能力优于班上其他同学，深得高先生的喜爱。

然而，在学习过程中，有一桩刻骨铭心、至今不能忘怀的事。高先生教学本来就一丝不苟，认真对待每一个演唱细节。当时，我很快要参加国际比赛，高老师对我就更加严格。我在极大的压力之下，加倍练习不敢放松，身心很是疲惫。有一天，课堂上来了七八位旁听的师生，我在一个乐段细节上，不能尽快达到老师的要求。在疲惫沮丧的情绪下，我气急败坏地说："哪能这么快达到您的要求，总得练呀！"此话一出口，我就后悔啦，还没有来得及道歉，就听高老师厉声说道："你还没有去比赛，就已经狂得说不得啦！这样下去，根本就不会有好成绩！你走吧！我要给下一个学生上课啦！"那一刻，我愣住了，满脸通红，十分窘迫，含着眼泪离开了教室。

这个教训，是老师除了传授声乐艺术之外，另外给我上了一堂人生修养的课！使我懂得，无论在任何情况下，无论有多大压力，无论曾经有过怎样的光辉，都要严格自律，谦虚，坚韧，勤奋刻苦，不懈努力，让自己更趋完善！

高老师是一位表里如一，情操高尚的人。教学上，要求精确严格，毫不含糊。虽然她在课堂上有时有些急躁，而同学们还是都喜欢她诚恳宽厚，直率待人的风格。别的老师班上学生向她征求意见，她也是直截了当谈看法不会拐弯抹角。这一点全系都知道。

这件事情之后，高老师约我去她家吃饭，我们的谈话更深入到为人处世之道。

高先生表示："1949 年，家骅和我回到祖国，投身各自工作岗位，尽心尽责，努力工作做出成绩。我们知道，人际关系是工作生活很重要的事情。在人际关系上，我们保持积极贡献，坦荡无私，待人真诚这些重要的处世原则。无论对领导，还是对同事学生都一样。绝不争名夺利走偏门，更不会同流合污等劣行。有时候实际生活中，在一些趣味不同的人当中，自己坚持我行我素。有时难免受些委屈心情不顺，我都等闲处之。从不感到自己清高离群。任人评我是优雅知性，还是孤芳自赏，都不在乎。我整天处在心爱的音乐里，心灵很丰富，乐在其中！

"这是我在经典音乐中潜移默化逐渐形成的性格。我认为做人要有自信、自重、自尊和非常重要的是一定要自律！这些道理不是只在西方文艺复兴的人文精神中才找到；孔子早就说过：'芝兰生于深林，不以无人而不芳，君子修道立德，不为穷困而改节。'我爸爸读书不多，却也明白这个道理。命名我'芝兰'，就是对我做人的期望。"

高老师对我这番语重心长的自叙，我终生难忘！

在跟高老师身边短短一年半学习中，我深感到她的不凡：赤诚坦荡，严谨慈爱，睿智理性，涵养渊博，清高谦逊。再加上我学习有明显进步时，她的喜悦与温情，都是多么美好铭心的感情体验！

不久，我被选拔去参加巴西国际声乐大赛！

铭心刻骨的深情记忆（2）

汪燕燕《托斯卡》演出剧照

1985年春节，我没回家，高老师也不放假，为了比赛，我们准备了12首不同代的艺术歌曲和咏叹调。其中一首是拉美国家最著名的作曲家Villa-Lobos的咏叹调，评委会专门把他的作品设为金奖比赛项目，高老师帮我选的这首歌曲对我来说，也是最难课题。练习过程太艰辛了！近5分钟的咏叹调大部分要用哼鸣来完成，这要有怎样的穿透力，才能被整个剧院的观众听到啊！刚开始，我的哼鸣根本发不出多少声音，还常常会带上喉部的力量，别人听不到，我还累得要命。为此，我不知哭了多少次，沮丧过多少回。但高老师总是不厌其烦地教我，不断地示范。说真的，老师的哼鸣相当有水平！她告诉我，气息的支持最重要，不要把注意力放在喉咙上，不要因为闭口发声而加力，要努力把哼鸣练出共鸣来，运用面罩与头声的歌唱感觉来体会哼鸣的走向，要运用音乐的流动带动声音，喉咙要松、空，位置要高、向前。渐渐地，我的哼鸣逐渐好起来，有了音量和共鸣！（比赛，这一段音乐一起，全场鸦雀无声，我的哼鸣响彻剧院，唱完后爆发出雷鸣般的欢呼声和掌声）当然，我们也在其他的曲目上下了很大的功夫，语言、风格、表现力。我每天多小时的刻苦练习，加上高老师在各种曲目独到的见解和她卓绝功力极好的演唱示范，给予了我无限的帮助。艰苦的努力终于收效了！

高芝兰、汪燕燕与帕瓦罗蒂合影

1985 年 6 月，我去巴西参加了第 12 届国际声乐比赛。那一年，那一月，正是我 30 岁生日前几天，经过三轮的艰辛竞争，幸运的我一举捧夺了“三金”第一名。全球大奖；Villa-Lobos 作品金奖；只限一人获得的歌剧院大奖！根据获奖者，决定次年主演一部歌剧。第二年，我在巴西主演了《托斯卡》。

此刻，我已经无法准确地形容当时的激动与喜悦的战栗，不懂也不会选用一种形式来表达自己无限感恩的激情。只记得，我面向着冉冉升起的太阳，流着热泪，不断地喊念着：感谢上苍！感谢高老师！这一切，全都属于你们！

多少年过去了，有存在的，有逝去的，但这段美好记忆和感恩情怀，同不断追求完美艺术的心灵长存！高先生，我的恩师，我的榜样，我永久的纪念！

在此，呈上我对您无限的热爱！

（此文根据2018年6月3日程振华与汪燕燕长达1小时42分钟电话访谈录音整理成文，再由汪燕燕本人执笔修正而成）

汪燕燕简介

女高音歌唱家，曾担任中央乐团独唱演员，国家一级演员。毕业于上海音乐学院。曾两次荣获国家颁发的音乐家奖。1985年在巴西第12届国际声乐比赛中连获3项最高奖——全球大奖、歌剧院大奖、Villa-Lobos作品金奖。1988年汪燕燕应美国亚洲基金会的邀请赴美深造。此后，她先后7次荣获国际比赛大奖。

作为一名出色的女高音歌唱家，汪燕燕活跃在世界歌剧表演舞台上，参加著名古典音乐会的演出，与著名指挥家洛林·马泽尔、著名男高音歌唱家多明戈合作，该演出在全球范围转播，此次演出的录像及CD也在全球发行。法国国家交响乐团，波士顿交响乐团、纽约爱乐乐团等世界顶尖级乐团都曾与她合作演出。她曾在美国、意大利、法国、德国、波兰、比利时、日本、新加坡以及中国香港、中国澳门等国家和地区举办个人独唱音乐会。汪燕燕对作品的深刻理解使她在表演方面极富魅力，赢得了国际乐评界的广泛赞誉。

美国最具权威的音乐杂志《歌剧新闻》就她在歌剧《艺术家的生涯》中的出色表演评论道：

“汪燕燕在剧中的表演，将甜美、全面的女高音同优雅完整的戏剧表演以华丽丰富的形式融合并表现出来”，而在艺术评论方面一向挑剔的《华盛顿邮报》也曾对她在《蝴蝶夫人》中的表演做出如下评述：“可以说《蝴蝶夫人》一剧要想成功，就要一个一流女高音，汪燕燕就是这样一个一流的女高音。她的演出准确、富于激情，她的声音在其音域中始终极为出色，歌声甜美高亢，吐字清晰完美。”

汪燕燕因对作品的深刻理解和极富魅力的表演，使她赢得国际音乐界的高度关注，被《华盛顿邮报》誉为“世界一流的女高音”。

巴西声乐大赛三个大奖：全球大奖，歌剧院大奖，巴西作曲家 Villa-Lobos 作品金奖。汪燕燕囊括大赛 3 项第一名

三、高老师谈孙秀苇

继汪燕燕获得比赛一举3项冠军之后，又有更多青年歌手排除一切困难来上海找我上课，其中一位是女高音孙秀苇。

她是原北京战友文工团独唱演员，各方面条件都很好。当时由马国光先生推荐来上海找我上课。我听了她的演唱，觉得是一位可造就人才，就收留了。她在上海无处投靠，与胡晓平和汪燕燕一样不收任何费用，还要管吃住，可说是一位真正的“私人”学生。后来转为学校本科生。我就是这样爱惜有才华又肯努力用功的人才。

孙秀苇学了几年，进步很大。这对我来说是最大的安慰和回报。孙秀苇的演唱，在我看来已经到达国际水平，1990年在莫斯科举办第9届柴可夫斯基国际声乐比赛，我支持她参加，孙秀苇入选出国参赛。遗憾的是临走之前，因故未能成行。那年，也是我被邀请担任柴可夫斯基声乐大赛评委，有各国许多优秀选手参加。最后由美国的青年演员，戏剧女高音 Deborah Voigt 获得第一名。

评委们不约而同地给她打满分（25分）。如今，她不仅是美国大都会歌剧院主要演员，世界各国主要大剧院也请她演出。

再说孙秀苇，前后跟我学习5年。她年轻、热情、直爽、好学。这5年中，不光是歌唱方面打下扎实的基础，在音乐修养和文化方面也有很大提高。1992年孙秀苇参加了意大利 Verdi 声乐大赛，获得第二名。后来定居意大利，在国外要先解决生活、再学习、演出还能站住脚，是要付出巨大努力的。孙秀苇有刻苦、努力、自强的品质，自己不断地进取，取得了更大更高层次的成就，值得赞扬，很值得后来者学习。

对于毕业后到国际舞台上打拼，我一直是对学生们抱着很大期望给予鼓励。她们的后来靠自己努力，达到更高水平，也是对我的最好慰藉。孙秀苇打下基础之后离开我，由于她积极学习，掌握了更广泛的曲目，她参加了许多非常有分量的国际声乐比赛，摘冠六项重要声乐比赛第一名。其中有的比赛还有奖金颁发，孙秀苇居然可以靠比赛微薄的收入维持在欧洲的基本生活。2001 年她在美国华盛顿肯尼迪中心歌剧院与多明戈同台演出《图兰朵》饰公主一角，获得极好的评价。每隔一段时间我和她电话长谈，让我感觉到，“师傅领进门，修行在个人”，的确最主要还看以后每个人的自觉努力。对于有人靠一次得奖，吃一辈子，不肯继续努力，我就很失望、遗憾。

这些年，孙秀苇主演过的整套歌剧不下二三十部，有的剧目例如，《蝴蝶夫人》，到现在已经在全世界演了 300 多场。这都是她离开我之后自己努力学习的成果。她艺术生涯攀登上更高境界。我衷心为她高兴，也是对我的最大安慰。

传承，是最好的绽放（1）

孙秀苇

在我 20 多年的歌唱生涯中，让我一生感激，而且一直影响着我的人就是高芝兰老师。一直以来我对声乐都充满着无以言表的爱，但那时却如一张白纸，没有任何技巧方法或者对西洋歌唱文化修养可言。作为启蒙老师她给我一生受用不尽的财富。她给我一个非常好的声音概念，她教会了我很多艺术家该具备的品质，她的博学厚德、她的孜孜不倦，让我从第一堂课开始就深深地崇拜她，爱她。

20 岁的花季，正是人的性情与审美初步形成的时期，我很幸运在这个时期能够遇到高老师这样优秀的前辈，她的敬业、她的严格、她的认真、她的正直、她的善良、她的纯朴……每一点都深深地影响着我。而今同为人师，我时常想起高老师的教诲，也要求我的学生要忠于艺术、要执着追求，要不悔付出，才能真正在这个领域闯出一片天地！

在高老师眼里我是非常聪明、很用功、非常刻苦、进步很快的学生，所以在跟她学习期间，我很受她的宠爱，她经常把我叫到她家去吃饭、去上海我也是都住在她家里……那些经历，点点滴滴深藏记忆深处，是我永远不会忘怀的最幸福美好的人生阶段。

在我旅欧生活不久，高老师也定居在旧金山，我们不能时常见面，但是彼此的挂念是用一通通电话紧密联系着，我们在电话里讨论歌唱技巧，我毫无保留地和她讲我的情感生活、演唱事业的努力方向，我觉得她非常理解我，那些细节让我觉得，我们在师生感情上，又增添了亲情和友情。她身体一向不是很好；然而听说我要在华盛顿歌剧院首演歌剧《图兰朵》的时候，她竟然无人陪同下，飞过来观看我的戏，我忙着演出，好在有住在华盛顿的裔国芳师姐陪着老师。高老师那份沉甸甸的爱，至今包围着我，永远温暖我一生！

传承，是最好的绽放（2）

孙秀苇《蝴蝶夫人》剧照

我曾不止一次说过："在我几十年的歌唱生涯中，对我影响最深的人就是高芝兰老师。非常幸运能成为她的学生！"

在遇见高老师之前，我并没有系统地学习过美声唱法。但我从小热爱歌唱，并且模仿能力也很强，对声音的高敏感度，让我从小就对那种明亮圆润的声音有一种本能的追求。清晰的咬字、像泉水一样清莹透彻的明亮音色、演绎更有深度的作品，表达出那种典雅迷人的气质。在战友文工团担任独唱演员的时候，我就很喜欢郭兰英老师，自学了上百首民歌，并且总能通过模仿原唱把不同的民歌唱出不同音色。但我不安于现状，总觉得自己的歌唱还能达到某个高度、还有很多东西需要去学习。由于在那个年代学习资源非常有限，于是这种渴望成长，却不知道从哪里获取知识的荒茫感，时常让我感到迷茫。直到有一次，在一场出国学习的选拔赛中听到了一位上海选手的演唱，我意识到，这就是我想要追求的方向，所以当即决定：我要找这位选手的老师学习美声唱法！

后来我如愿以偿地投入高芝兰老师门下，在我面前敞开了一扇新世界的大门。仍记得，第一次跟高老师上课的情景：那时的高老师已经 60 多岁了，当她用明亮圆润的声音给我做示范的那一瞬间，我便对她产生了深深的崇拜。其实最初的学习就是从模仿老师的声音开始，对声音天生的敏感度，再加上在文工团工作时需要快速掌握各种作品风格，不断打磨积累出的经验，我便很快就通过模仿高老师的范唱入了美声唱法的门。也许是因为初生牛犊不怕虎的劲儿，让当时的我觉得唱歌是一件很简单的事，现在想来真是不知天高地厚啊，但那颗最初纯真虔诚的求学之心，至今仍使我感怀。高老师不仅让我在学习声乐艺术之初，就获得了正确的声音概念；而且还教会了我如何用严谨的态度去对待学习与生活，使我对歌唱、对艺术常怀敬畏之心，所以我很庆幸她能成为我的启蒙老师！

记得那时刚跟高老师学习不久，我拿着自己手抄艺术歌曲《我亲爱的》（*Caro Mio ben*）五线谱本，还在上面用拼音标出了意大利语读音，本以为自己学得挺好，甚至唱完后期待着老师的表扬，谁知她刚一听完，就直接把谱子扔了出去。看着那本谱子划了道弧线掉进三角钢琴的琴箱里，我当时就蒙了，没敢去捡。而在老师指出哪几处因为学习不严谨而造成的错误后，19 岁的我第一次懂得：要想成为一个真正的艺术家，就必须做到精益求精。高老师说："对待音乐对待艺术的态度一定要严谨，要把百分之二百的精力和能力放到学习上。只要去努力去奋斗，你就一定会取得好的成绩，这就是所谓的种瓜得瓜，种豆得豆。"

老师的这番话深深地影响了我。从此以后，基于对歌唱的热爱和高老师以身作则的态度，时刻提醒督促着我要加倍努力，于是我开始坚持超额完成老师布置的学习任务，珍惜上她的每一节课。她常说："师傅领进门，修行在个人。"由于自身要强的个性和对声乐艺术的敬畏之情，使我暗下决心：绝不让老师在同一个问题上纠正第二遍，我要不懈努力地做到她提出的所有要求。随着专业水平的突飞猛进，我不再满足于简单的意大利艺术歌曲，于是开始尝试歌剧咏叹调，从莫扎特到多尼采蒂、罗西尼、贝里尼、普契尼、威尔第。高老师为我的努力和进步感到非常欣慰的同时，调整了常规曲目安排，布置了更多高难度的作品，并且鼓励我参加国际比赛，如同我对在学习中求知若渴的心情一样，高老师也迫切地想要把毕生所学传授给我，越来越多的功课，促使我迅速地成长起来！

回忆那段时光，高老师对我的肯定是让我努力学习的最大动力。我抓住一切上台的机会，不仅是为了锻炼自己，更是为了看到老师坐在台下，看着我开心得合不拢嘴的样子。也就是这段跟随高老师高强度学习的经历，奠定了我良好的事业基础。在之后的几十年里，我始终遵循老师的要求，没有停止学习与探索。正是这种从小树立起来的、对声乐学习的正确理念和老师对我人生观、价值观潜移默化的影响，一直伴随着我的艺术之路，使我受益终身。

老师常说："生活一定要有节制。"那时年轻的我，即便并不能完全理解老师的话，却仍然在生活中尽量做到她所要求的节制。我天性热情烂漫，喜爱热闹，但是在高老师的言传身教下，年少的我学会了克制自己的惰性和贪玩的心，全身心投入歌唱学习中。除了宿舍、琴房、音像室、教室，我很少出现在别的地方，甚至谈恋爱对我来说，都觉得很奢侈。对于一个不到20岁的女孩来说，虽然这种生活看似枯燥，但慢慢渗透进我的血液里的节制，却是最宝贵的收获，并且时刻警醒着我。随着年龄的增长，见过太多人为一时的"快意人生"而付出的代价，才越来越真正体会到：自我节制，是取得成功的奠基石。一个懂得节制私欲，抵抗诱惑的成功者，才终有向世人谈论成功的资格。反之所谓的志向远大，也不过是昙花一现。如今我也常常对我的学生，不断重复高老师曾经对我说过的话，并努力让自己成为一位如同老师所要求的、严谨的歌者和严格认真负责的声乐老师。我相信这种艺术的传承、精神的延续，是对老师最好的报答和怀念。

高老师一直主张：真正的艺术家必须要不断地学习和成长。她常对我说："歌唱家最初学的是基础学习，而之后学会如何不间断的学习、不断提高自己更为重要。"她甚至一直谦虚地表示她的学识有限，并且鼓励我们去向更多更好的老师请教。高老师这种学无止境的谦逊态度让我感动，也激励着我这么多年坚持充实自己，永不轻易满足。她让我懂得：在短暂的人生中，永远不要停止对艺术的追求，而这种没有尽头的追求，需要几代人的不断努力，才能成就经典。

高老师在我心里亦师亦友，专业上对我要求严格，生活中却像妈妈一样无微不至地关怀我、给我温暖：让我住在她家里，为我找钢琴老师，关心我的文化课、视唱练耳、乐理，常常也会兴致勃勃地讲很多歌剧的故事。后来随着事业的发展，我去到了遥远的欧洲，她又像是我的闺密，每次在外演出完回到意大利，我总要打电话跟高老师畅聊一通，我向她讲述演出时发生的一切，然后我们热烈地讨论声音，听到我的任何一点进步，老师都会非常开心。有时听完我演出后的心得体会，高老师还会像个初学声乐的孩子一样对我说："我也要试一试你这种感觉！"每当这时我都会觉得：不管我们之间有多少地理上的距离，但两颗赤诚的心是永远紧紧相连的，世界上没有任何一人能比她更懂我！我就像她手中的风筝，无论我飞得多高，她那无私的爱会一直牵挂着我。作为师长和朋友的她，总想见证我人生中的每一次成功和辉煌，印象最深的是我第一次在美国演《图兰朵》，已经80多岁的高老师执意一个人坐了好几个小时飞机，从旧金山来到华盛顿看演出，那天的舞台很大，观众席也很大。而我，已无法像年少时那样一眼就从人群中找到她。但我知道，我亲爱的老师虽然由于年事已高，腿脚不便需要人搀扶，却依然会像当年那样坐在台下，用她那充满着慈爱的眼光注视着我，像个孩子似的。

（此文根据2018年6月3日孙秀苇和程振华电话交流，由程振华整理成文，再返回给孙秀苇本人撰写而成）

孙秀苇简介

旅意世界著名女高音歌唱家，硕士生导师，北京大学歌剧研究院教授。曾连获国际顶级歌剧赛事6个金奖！

她的演出足迹遍及了世界各大顶级歌剧院，诠释的歌剧人物性格各异，每一个角色的扮演都堪称经典。她的名字如同宝石般镶嵌于每一部经典歌剧之上，代表角色包括《蝴蝶夫人》《图兰朵》《托斯卡》等。她是当今世界歌剧舞台上最为经典的“蝴蝶夫人”，亦是“歌剧之王”多明戈钦点的《图兰朵》中的中国公主，她所演绎的“中国公主”集高冷、柔情、娇媚于一身，可谓经典。

与她合作过的指挥家有：丹尼尔·欧伦、尼洛-桑提、丹尼耶雷-盖提等。与她合作过的著名导演有：法兰高·齐费里尼、强卡洛·德·莫纳科、张艺谋等。她的多部歌剧电影于全球发行。

孙秀苇是至今仍活跃在世界顶级歌剧舞台上的中国歌唱家之一，堪称中国歌唱家的世界名片。

饰演《骆驼祥子》虎妞剧照

饰演《图兰朵》公主剧照

四、高老师谈李怡萍

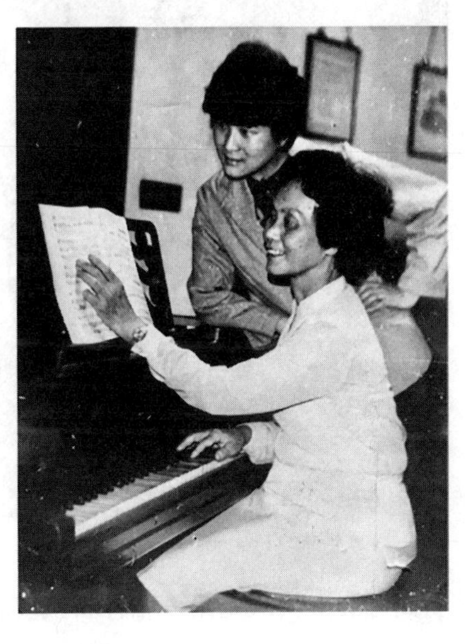

除了几位出国比赛得奖的同学，还有李怡萍、陆迎春、毛惟钰几位在我出国之后，也都陆续到欧洲歌剧院从事专业工作。我 1991 年来美国之后，和欧洲工作的只有李怡萍保持联系。其他两位都失去了联系，可惜。

这个李怡萍心地善良，憨厚，有人情味，从小能歌善舞。我从难从严地要求她，给她新歌，下一课就要她背出来；除了歌剧和意大利作品，我给了她大量的德、法、俄不同语言的作品，大量的清唱剧和艺术歌曲。几年下来，曲目积累很多。

毕业后，李怡萍到广州工作，被选中参加芬兰赫尔辛基海琳国际声乐比赛。为了做参赛准备，她回到上海。我为她准备比赛曲目，给她了一首德文施特劳斯的《奉献》和 6 首咏叹调，和拉威尔的《天方夜谭》组曲，唱法文。当时由于某些原因她到了欧洲而比赛却未能如期举办。但她在芬兰各个场合的演唱，表现非常好，从而得到米兰和苏黎世歌剧院邀请面试。这就奠定她在欧洲发展的方向。我 1991 年退休后来美国定居。1993 年李怡萍受邀请来到了苏黎世歌剧院。她常来电话回忆我给她严格地训练。说起我逼她背歌的事，由衷地感激我给她那么多曲目，使她在欧洲很容易适应歌剧和音乐会双重工作环境。她告诉我来到欧洲之后的工作情况。

1993 年，她参加意大利西西里岛的 IBLA int'l Competition，获得第二名。

1995 年，在土耳其伊斯坦丁堡举办的 Leyla Gencer Voice Competition。Leyla Gencer 是一位跟玛丽亚 · 卡拉斯同期，非常出色的土耳其女高音，她长期居住米兰。这个比赛是米兰斯卡拉歌剧院和伊斯坦布歌剧院以她的名字联合举办的歌唱比赛。这个比赛从分组到第一轮赛事，李怡萍都

李怡萍与 Francesco Siciliani 合影

领先，伴奏是一位俄罗斯钢琴家。决赛时，按规定全部由主任评委亲自弹所有人的伴奏，俄罗斯钢琴家原来是难民，为了争取留在歌剧院工作，解决身份问题，苦苦哀求李怡萍还是由他弹决赛。李怡萍十分同情他，竟然自作主张，决定不要评委主任伴奏。比赛时，这位俄罗斯钢琴家伴奏太紧张，翻错谱子，只好停下来。这样第一名就给了南美洲选手 Marcelo Alvarez，现在很出名的男高音。大会决定给李怡萍特别奖。此事在当时广为流传，为李怡萍赢得了人缘。后来 M.Alvarezt 和李怡萍成了朋友，推荐李怡萍去意大利威尼斯的凤凰歌剧院 Teatro di Fenice 面试，参加公开招聘，得到老院长 Francesco Siciliani 的赏识。

老院长问："您在欧洲哪里学唱歌？老师是谁？"

李怡萍回答："不在欧洲，在上海音乐院，一直跟随高芝兰教授学习。"

老院长问："她怎么教您这样的歌唱技巧？"

李怡萍回答："我老师曾在美国茱莉亚音乐学院学习！"当时李怡萍和剧院一下子签了 *Samson e Dalia*、*Norma*、*La Cenerentola*、*Don Carlos* 等 6 部歌剧合同。这些都是我在学校给她唱过的曲目。

李怡萍与 Cecila Bartoli 合影

不幸的是，14 天后凤凰剧院遭大火付之一炬。老院长第二年也病逝。机遇和命运！

后来，李怡萍又和苏黎世歌剧院、圣加仑

歌剧院、莱比锡歌剧院签约演出，与多明戈、塞西莉亚·芭托莉等诸多名家唱对手戏，获得广泛好评。

此外，罗马尼亚音乐院院长 Adrian Pop 曾听过李怡萍演唱吉普赛之歌 *Defaria*，因此而邀请她参加艺术节。一直到现在，每一届罗马尼亚音乐节，她都以专场独唱会参加演出。为她担任钢琴伴奏的是音乐节主席 Giovani Bria。独唱音乐会曲目中有一首用法语演唱的慢板弱音唱段，这曲子也是我在学校作为一个专题技能来训练她的。世界著名小提琴家梅纽因也在这个艺术节担任一场独奏会，因此他也听了李怡萍的独唱会，他的评价是："李怡萍演唱气息的运用，犹如小提琴弓子下流出来音乐那样均匀。堪称世界一流歌唱家，造诣太好了！"

李怡萍在欧洲每逢人们问起她的歌唱艺术成长过程，都一直说，来欧洲之前，高芝兰教授是她唯一的老师。高老师教给了她那么好的训练和曲目，使她终身受益。其实，我认为还是各位同学自己的不断努力才是她们能够成功发展的主要原因。

我来美国，和同学们保持电话联系居多，有一年李怡萍让她儿子特地来看望我，也算很有心啦！

我一生，见过艺坛生涯跌宕起伏。当然个人不断努力是必须的。除个人努力之外，最后还取决于命运际遇。在演员黄金年华时期，尤其如此。看多了也明白了；只要自己努力了，也不必把得失看得太重。

只要在艰难之中要能保持舞台生命，继续刻苦努力学习就是永恒不变的必然规律。我衷心地祝福她们不断进步，演唱艺术攀新高峰！

她们的成就是我最大的快乐源泉。

点石成金的高老师

我是个四五岁就能歌善舞的小野孩儿。在南疆，老乡们叫我小茉莉。14 岁凭着大本嗓考进了部队文工团。几年后，进了上音本科。从此，世界改变了，生命的意义不同了，从连队到国际舞台，高老师用 Bel Canto（美声唱法）把我塑造成另一个人。

（程振华：2018 年，电话采访李怡萍，随后她发来不久前接受国内报刊采访谈跟随高老师上课的心得体会摘要，节选如下）

李怡萍：当年经过千挑万选，进入了上海音乐学院，当时大家对我的音色分歧很大，因为当时那个年代对女中音的鉴别都是关牧村那种。高老师断定我是 Mezzo-soprano（女中音）。高老师对我特别严厉。她对艺术一丝不苟，她第一个要求的就是气息。高老师的学生普遍音色特别好，在高老师那里也奠定了我以后的高音区非常通畅的基础。我声音的味道和音色在意大利歌剧院试演时，得到意大利歌剧院的老院长的赞扬，问我的声音是在哪里学来的，我说除了上海，我没有再在哪里学，我当时考威尼斯歌剧院、莱比锡歌剧院、圣加伦歌剧院的时候，我都没有再找当地老师，我始终都是用的高老师的方法。感谢上天能给我那么多机会和 20 世纪 60 年代国际上非常有名的歌唱家同台演唱。我接触的全是他们，在声音概念上，有更多的长进。我的共鸣和气息稳妥，都是高老师一点一滴教的。

说到高老师对我气息的训练，当时高老师两手往我腰上一掐，说："就这么小小的细腰，怎么唱？"当时我就每天想办法，天天练气息，到横膈膜，然后慢慢吐出来，还有吹蜡烛什么的。当时那么年轻，根本不像后来自己能慢慢琢磨，就是听老师说，然后练习，把气息保持在横膈膜、小腹那里。还做一些仰卧起坐、趴着唱等动作。然后练共鸣、保持桶状，怎么跟气息连着。我喜欢（示范八度音程的 u 元音）这种大幅度八度八度的练习。气息这个东西必须因人而异，有各种各样的练习方法，比如，像我，喜欢用鼻子吸气，因为我鼻子吸进去就马上到后背了，到后背控制住以后，我就很稳当了。再就是老师给了我很多"u"来练习，当时，我从莱比锡歌剧院回到在苏黎世歌剧院，排练时，有一位老人就是苏黎世歌剧院院长从维也纳音乐学院请来给我们歌剧院的独唱演员检查声音质量问题的 Wolfgang Satorios 教授。我给他唱了多尼采蒂《宠姬》中的咏叹调《噢，我的费南多》，唱完宣叙调后四小节，他叫停说："你确实是一个难得的女中音，声音非常好，但是你的中低声区没有支架。"我说："哎呀，我就是在找这个呢！”后来他开始给我上课。

他说：“你的共鸣、你的气息都有了，但是你的喉头和你的胸腔的连接做得还不是很够，所以你唱大作品的时候，你会紧，觉得累，别人可能听不出来，因为你的声音条件太好了。”然后他开始（示范音符 12321 唱“啦”）从小字组的 a 唱到第一个大字组上面一点，从来不会往第二个小字组的 f 和 g 上再练。就给我磨这个。他上课就 12 分钟，说：“你要自己琢磨！”半年期间，他只给我上了 8~10 堂课，每堂课 12 分钟。他说：“现在的社会很浮躁，但是上天把你送到了我这里，你是一个天生的歌唱家，没有人像你一样理解得那么快。”

我对他说：“老师，您给我抓住了我最重要的问题，就是气息怎么和喉头连上，光是气息不行，一定要和喉头连上。喉头部位连上的时候，还要和胸肌的支点连上。”这全靠自己的悟性、理解和练习，这个好像穿针引线一样恰到好处，高老师以前也跟我说过穿针引线，而且喉头不能动这是永远的，永远不能挤，气息要用多少、怎么用，一定要慢慢琢磨，他讲了这些绝招练习，还要和我以前的头腔，喉头的稳定联结起来并用。当时 Wolfgang Satorios 教授给我讲完后半年，我在琢磨声音要放在胸腔支点上，轻轻地平稳，多了就会唱得很重，少了就通不到点上。玛丽亚·卡拉斯太绝了，她把头腔、喉头和胸腔这三点一线的连接做得非常好。得靠听好的声音，要仔细琢磨着练，建立好的声音观念。这些都是高老师一再强调的概念。

在曲目方面高老师给了我很多意、德、法、俄、英语艺术歌曲和歌剧咏叹调。来到欧洲，立刻都派上用场，国外媒体称我“艺术歌曲女王”。

（程振华：说到这里，李怡萍随手找到了一首《分骨肉》作品录音。是 1987 年版电视剧《红楼梦》中的插曲，作曲家王立平选用原著曹雪芹书中的诗词谱曲，收录在 2010 年发行的一张专辑中，李怡萍在北京和中国广播民族乐团合作在短短三个小时内是视谱录制的。我听下来，无论行腔咬字，民族音乐风格都掌握得恰到好处）

2018 年李怡萍部分演出海报

（以上资料，根据高老师采访中口述，及后来李怡萍提供的文字资料，加上 2018 年 2 月 25 日程振华电话采访李怡萍本人成文）

李怡萍简介

女中音歌唱家，现居瑞士。出生于新疆，20 世纪 80 年代初考入上海音乐学院声乐系本科，师从著名女高音歌唱家高芝兰教授六年，曾获金钟奖美声第一名，贝利尼国际比赛女生第二名，伊斯坦布国际比赛特等奖。

先后在苏黎世国家歌剧院、德国莱比锡歌剧院、德里斯登、柏林、克隆、伯尔尼、丹麦、瑞士的圣加仑歌剧院、意大利威尼斯凤凰歌剧院（为该院两百年来第一个亚裔签约歌唱家）演出。

20 余年来演出的著名歌剧 17 部。共计数百场。

她并且是唯一多次应邀参加欧洲国际大型艺术节独唱专场音乐会的亚裔歌唱家。

李怡萍演唱的曲目非常广泛，有德国、法国、意大利、俄罗斯、西班牙、阿拉伯、匈牙利、奥地利、日本、土耳其等国作曲家的作品。

李怡萍除了演唱，亦受聘苏黎世艺术大学（Zurich Hochschle der Kunst）简称 ZHDK 教授声乐主科多年。

五、持久演唱的能力和正确的感情表达①

迟立明

我原来在安徽学习声乐几年，并且作为独唱演员在省歌舞团工作 5 年。嗓音条件不错，歌唱乐感。为求更大进步，报考上海音乐学院本科。1986 年至 1989 年跟高老师上课。

单从发声技术的说法上，我觉得老师们的表达都基本相同，但最主要在于高老师的耳朵，对声音的审美分辨能力。一对一上课时候对错分明。如此往复循环逐一纠正我原来毛病，建立新的发声观念。这让我体会到，听唱片判断发声好坏，是很危险的。

而跟高老师学，从她演唱，教学，多年经常现场聆听国际著名歌唱家演唱的经验积累，使她有一副很 Bel Canto 的标准耳朵、意大利耳朵，高老师以此为准，绝对坚持着美声审美观。

第一，高老师几年来教学语言手势和形体动作始终如一。强调呼吸积极支持，高位置共鸣上下统一，喉头稳定，声音通畅松弛中有穿透力。高老师许多严格要求，也是随着我的舞台实践，琢磨同台对手戏大师级的演唱中逐渐茅塞顿开，更全面领悟高老师的要求，在后来的工作环境中，不断努力更上一层楼。想起当年学习中遇到困难而迷茫时高老师耐心谆谆教导和坚持理念的鼓励；我深深感谢领进门的高老师，成为我演艺生涯的转折点。

第二，高老师因人、因时施教，什么程度唱什么歌。发声技术与曲目

① 在整理资料之前，高老师从没有谈过迟立明，我不知道这位很棒的男高音也是高老师的学生。2018 年认识之后，长达两小时电话采访，感到这位师弟是一位重情义、才学丰富、睿智的青年歌唱家。第 2 篇，是我对他采访后成文。——程振华

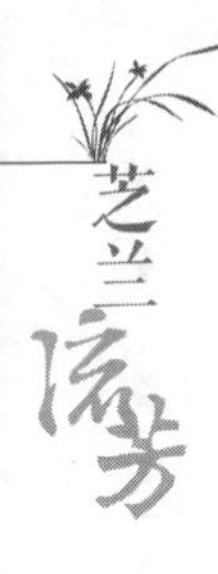

扩展同时进取。老师掌握的曲目宽广，是高老师教学生涯中的一大亮点。

气息积极支持，松弛演唱和高位置的共鸣，实现三点一线有机结合

我想说的是关于演唱持久能力的培训。歌剧演员，要有高强度持久演唱能力。整场戏要保持良好状态。接连多场排练演出，很累。要能控制自己松弛下来非常重要。

对此高老师强调，演唱时要下巴松弛。她总是伸手来拉我的下巴，气息要沉下去。高老师最喜欢做的示范动作是一手往下，一手在上，表示气息下通丹田，声音共鸣位置在头腔。

这使我领悟到，歌唱用气息积极支撑，而不使喉部肌肉紧张。一条管状直通头腔共鸣。保持松弛的状态歌唱。一般我演一场戏下来，感觉身体有些累，但嗓子不会疲劳，声音还处于新鲜干净状态。这就是我认为好的，能持续工作的状态。演员是用全身能量歌唱，而不是单靠嗓子歌唱。

我本科跟高老师学了 3 年半。当时，对高老师的要求不是全理解，只是牢记老师拉我的下巴，要求打开喉咙下巴放松。与此同时，一定保持横膈膜支撑。我一直琢磨这一套要求，直到在上海歌剧院工作期间，才越来越清楚地领悟到老师所讲的松弛和横膈膜积极支持之间的关系。声音松弛而又不费力，却传送得更好更远。

例如，《女人善变》（*la donna e mobile*）这首歌是刻画公爵玩世不恭、浪荡公子的性格。要求潇洒随意，明亮华丽，要唱得轻松。全曲音区不宽，但大部分音区都在 e，f，#f，g，#g 音区，老在换声区这一带转，很麻烦。一般人开头几句还可以，唱到一半，气息上浮开始紧张起来，声音干涩不传，已经感到疲劳，唱到结尾还要翻高到 b，难于应付。

高老师教我强调："下巴松弛，气息支持，咬字发音位置不能离开头腔高位置。"所谓三点一线，声音便可以收放自如，不会出现问题。一般的男高音，如果不能保持良好状态的话，都回避唱这首歌。现在，这是我经

常演唱的保留曲目，很受欢迎。

要做到持续松弛地歌唱，一定要牙关张开和下巴放松。尤其是在换声区，心理上会紧张，但要跟心理对抗。一般人以为，不用劲儿，不就破了吗？恰恰相反，一用劲儿，一定是喉咙使劲，反而不对啦。只要记住丹田气息支持和声音高位置就对了，持续保持下巴喉咙松弛，声音越高越松弛。我说的是下巴和喉咙。松弛，不是松懈，再说一遍：一定要有气息的积极支持。

腔体与共鸣

柏辽兹的歌剧《浮士德的沉沦》剧照

比才的歌剧《卡门》剧照

腔体打开是什么状态？我认为这是一个很明确的状态，人声和乐器一样，而人声更高贵动人，因为人声本身就含有情感。训练我们的身体作为乐器。所有乐器都有一个共性，一定有一个腔体，无论是小号、圆号还是钢琴、小提琴、大提琴等乐器都有一个腔体。我们身体也有胸腔、喉腔、口腔、鼻腔、头腔，无论是高音、中音、低音、音高变了，要求腔体固定不变的。错误的发声方法，就把腔体随着音高变化而变化。如果我们在所有的音区都保持腔体不变，你的声音就是优美和漂亮的统一。支配腔体的肌肉不能用力导致紧张，就如同乐器所有部位就是一直保持很自然的状态。一旦有外力去影响腔体，如同你手抓住小提琴的共鸣箱，就立刻影响了共鸣。人的腔体要完全松弛地打开。我是逐渐明白了高老师的基本要

求。如果说声音太“撑”，那就是说把腔体灌满了声和字，就是撑了。撑着唱，其实无助于腔体产生共鸣，反而梗塞了。

高老师强调腔体共鸣非常重要，也就是让基本音在腔体内有规律地回旋震荡。而且这种震荡是歌者自己可以很清楚地感觉到的。当然初期一定要有老师客观地听觉监护。

保持腔体不变，如同逆水行舟，一方面音高、音量、音色、咬字，元音、辅音等唇齿喉舌发音不断在变，情绪也在变化，却要极力保持腔体不变。这就认真细心琢磨力行抓到老师的感觉要求。

另外还要学会意念控制。学唱歌，就是这样一对一地传授，多谈理论不顶事。不管是哪一个声部，都一样要求：高位置，头腔共鸣，在唱高、中、低各个声区都应该保持。这如同拉琴，音高由把位决定，但无论是音多高，弓子与弦的接触点总是在码子前面，而不会拉到码子后面去！我举这个例子，就是说明：永远保持声音高的头腔的位置，声音统一，轻松流畅。靠的是正确的感觉、意念、状态的重复记忆来培养的。

注重歌曲的感情表达

高老师平常很平易近人，和蔼可亲，很多时候在她家聚餐，有说有笑，直率热情。但一进教室，就严肃起来了。因此，我们都十分集中精神上课。我们几位嗓音条件不错的同学，就更加自觉，来不得半点马虎。老师认为我是抒情男高音，给了我很多艺术歌曲唱。在各个专家班上课都得到好评。即便如此，我有时也很有点紧张，不敢懈怠。因此，我们的师生关系一直很好。但是，有的女同学准备不充分，就会怕她。

庞齐艾利作曲《歌女桥康达》剧照

高老师说：“我教他们，有时候会犯急躁，因为我对那些条件好的学生期望高，希望他们做职业歌唱家，给他们很多新歌，要求隔两天就应该背出来。我想，当年我可以4天背出整部《茶花女》，你们两天背不出一首歌？！一定是不够用功，或者没带感情硬背。如果你的感情和注意力不专一，心不在焉，怎么能唱好呢？背谱子的记忆训练，首先是感情记忆的培训！”

高老师一直说：“所谓唱歌就是感情表达的意念。歌唱，理解词曲内涵，理解深度决定了表达程度。其次，就是掌握技巧的程度决定了演唱作品的难易程度，持久演唱能力，最终决定舞台艺术生命的长短。”高先生说，许多作曲家到了晚年才写安魂曲，抒发人生感悟，对于死亡和生命尊严的表达，把音乐艺术升华到哲理概念。歌唱者当然也要具备深度理解力和成熟技巧的演唱能力才能胜任这些作品。

老师一直要我们一切从理解和表达感情出发来从事歌唱专业。在这二三十年里，不断学习新的剧目，琢磨各个不同角色，钻研不同作曲家的风格，这等于我的舞台生涯，实际上是认真地攻读了西洋古典声乐艺术的发展历史。唱得演得越多，对这些作品的感情就越热爱，也才可能不断提高修养，达到最美好的声音技巧。

如今我也有把年纪了，还能在歌剧舞台上演出，依然感到演唱能力胜任有余，这就是高老师给我打下的基本功，以及自己在实践中不断锤炼所致。在演唱好几十部歌剧的过程中，最能体现我的持久演唱能力的就是在2016年，我在国家大剧院主演一部歌剧 *La Gioconda*，里面有一首咏叹调《天空，海洋》，较为戏剧性的浪漫曲，当时担任B组的意大利男高音出状况，第一次排练之后就不能唱了，我就一天都不能休息，连顶了4场正式演出，加上连排彩排，7场都是我一个人顶下来。每天都要放声唱，真是对我持久演唱能力的重大考验。连指挥 Danniel Oren 都说：“我在世界各

古诺《罗密欧与朱丽叶》剧照

地指挥演出这部歌剧，没有见过一个人连续唱两场，而你一个人连续演这么多场，太了不起了！”

实际上我唱完最后一场正式演出，已经感觉身体被掏空了，到了疲劳极限，但声音还是很干净新鲜，非常完整地唱下来。观众的反应非常热烈。这证明歌唱方法运用得好。当然，另一方面，这个戏，这个角色是我梦寐以求，期盼已久深深热爱的。他们跟我签合约后，我非常激动。我对这音乐和角色充满感情向往。因此，才能在这样严峻的情况下，满怀信心地承担下来。

《天空，海洋》音区经常在 f，g，降 a，转悠十几次之多，在最后来一个最强音（ff）的降 b 延长。长时间在换声区不下来，是男高音很忌讳的。这还不是最考验人的，最难的是这首咏叹调之后一分钟都不休息，马上就和女主角长达 20 多分钟二重唱。没有很好的功力，绝对唱不下来。角色表演难度非常高，这部戏很长，超过两个多小时。

要知道每一场演完，高度兴奋，当晚睡不着觉，一般都是要熬到次日凌晨五六点才能入睡。上午休息，下午 5 点后，又要到剧场准备演出，连续 7 天，一般是顶不下来的。这一切我都归于高老师当年对我严格的基础训练。积极和松弛有机结合的好方法。这部戏 A 组女高音是孙秀苇，另外 B 组是来自德国歌剧院的一位女高音。我排练时和孙秀苇搭档，又要和德国女高音排练，双重工作量。况且大型乐队，排练时不能低八度哼唱，要乐队都能听到，就必须放声一遍遍地唱。

温德清的中国原创歌剧《赌命》剧照

为什么我能做到这一点？就是高老师教我一定要知道怎么样放松，在舞台上，主动地抓住一切机会放松。唱完一段后让自己重新回到从头开始，松弛新鲜的感觉。如此强体力消耗工作，体力会感到累，而嗓音却能一直保持新鲜。这就是高老师的方法。

高老师对我敬业、爱业悉心地教导；练一部歌剧，要花大量精力和时间。她当年，4 天背出整部《茶花女》，把自己关在房间里，刻苦自觉努力。放弃和牺牲了很多平常人的生活乐趣，完全是把自己奉献给音乐。很累，但演好，完成了一个角色塑造，却又是非常愉快的事。达成一个目标之后的那种精神志趣的升华，剧情和音乐的美给我的满足感，远远超过了任何物质的需求。

高老师把我引进这样的工作境界，我充满幸福感。

（此文是根据 2018 年 5 月 9 日程振华与迟立明的电话访谈后，整理成文，再读给迟立明听，而后定稿）

迟立明简介

著名男高音歌唱家，国家一级演员，歌剧表演艺术家。上海歌剧院主要演员。

早年，在安徽艺校师从王学新教授，考进上海音乐学院后师从高芝兰教授和陈敏庄教授。

他演唱的足迹遍及世界各地，尤其在欧美的演唱，得到了极高的评价。曾在几十部中外著名歌剧中担任男主角。曾被美国主流媒体称赞为“世界上只有很少的几个幸运男高音才可能具备他这样的辉煌高音”“最有前途的世界级男高音歌唱家”，被欧洲媒体称赞为“一个真正的意大利歌剧歌唱家”。被美国华人主流媒体称赞为“世界级的歌唱家”“在他的歌声中听到了吉利·卡鲁索的声音”“近几年来听到的最优秀的歌唱家”等。

多年来曾主演了《丑角》《波希米亚人》《托斯卡》《茶花女》《图兰朵》《卡门》《蝴蝶夫人》等几十部中外歌剧，并在休斯顿莱斯音乐学院音乐厅举办了个人独唱音乐会。

六、深情怀念高老师

张　莉

怀念恩师高芝兰

1988年的秋天，作为进修生我来到了上海音乐学院，师从高芝兰教授学习声乐。在短短的两年时间里，便与高先生结下了深厚的师生情！1999年，我作为访问学者，来到了美国科罗拉多学院研修深造。我的心时刻牵挂着高先生，特意飞赴旧金山看望高老师，为了聊天方便，高老师在她的房间里搭了一个小床，就这样师生又相处了整整一个星期，我与老师有说不完知心的话，就像母女俩一样的情感！

高教授现住在老年公寓，和9年前相比，她没有什么大的变化，精神矍铄，身体健朗。

谁也不会想到，这位在国内、国际上都有很高声望的教授，她教出了那么多优秀的歌唱家，有的学生甚至一教就长达十几年，非但不收分文学费，完全义务教课，在那个物质严重匮乏年代，却管吃管住教这些外地学生。她太爱惜人才了！完全是为了艺术事业发展；这种高尚情操多么难能可贵！

在与同行相处的几十年里，高先生从来都是看别人的长处，总是能从别人的优点中汲取营养。与此同时，她对声乐艺术的热爱和对名利的淡泊形成了强烈的反差。在我的眼里，高先生是位真诚而又充满了智慧与激情的艺术家，她只想用她的歌声和她教学的血汗去让世界多一份欢乐、多一份爱。高先生对我说："人生在世不过是几十年，功名利禄都是虚空的，唯有助人为乐，友情长存才是永恒的。"

亲爱的高老师：我相信上帝已经在天国接纳你而成为永生！

跟高老师学习声乐心得

我于1988年至1990年由川音公派到上音跟随高先生学习声乐。

跟随恩师两年整的学习，积累了不少曲目，4个学期完成了中外艺术歌曲及歌剧咏叹调共60余首。先生丰富的舞台艺术实践和几十年的教学经验，她掌握的曲目非常广泛。对我采用的曲目也是循序渐进。她的声音观念非常纯正敏锐。我，一个涉世未深的青年声乐教师获益匪浅。

张莉饰演歌剧《江姐》中主角

高先生教学严谨踏实又要求进度快，每一次老师布置了曲目，我会努力理解高先生的要求，带着乐谱到学校音像室一待就是几小时。不准备好是不敢去见老师的。她把她崇敬的苏石林先生和后来在曼尼斯音乐学院，师从Frances Newsom教授得到的教学方法传给了我。

在我心中，作为声乐艺术教育家，“高芝兰”这三个字就是知识和高艺术水平的象征。从技术层面，她用很多方法启发我。例如，搭上呼吸，打开喉咙，放松舌头与愉快的面部表情，都是她经常要求我的。每次上课她基本上是以“哼鸣”开始。让声音自然地开始工作，而不用力挤压。这样出来的声音效果是全然不一样。让声音音色年轻，这让我松弛地歌唱，在舞台上可以游刃有余，充满自信。高先生还说我的声音与她一样，略带一点低沉，这是因为完全放松了声带所致。高先生的方法与我来到美国的老师玛蒂尔·罗兰德的方法不谋而合。让我感到很开心！

张莉饰演歌剧《雷雨》中的繁漪

我比较习惯表演悲情，有一次，在唱《艺术家的生涯》缪塞塔的咏叹调《漫步街上》，我的表演还是习惯地带有悲凄情绪。高先生给我讲解剧情，人物内心活动，一改她高雅而低调的风格，非常热情奔放地示范给我看。一个活脱脱的缪塞塔呈现在了我的眼前，让我豁然开朗，先生让我知道了塑造一个歌剧角色，要完全置身于角色的内心世界，

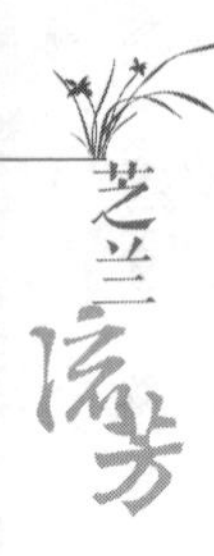

而不是在表现自己。全身心投入角色的情感世界中，以情带声效果浑然不同。

两年里，高老师对于歌唱艺术完美的追求，总是启发我不断从丰富感情世界出发。慢慢地，我观察到高老师的为人高尚儒雅，宽厚仁爱，真诚坦荡的性格，和她对艺术美的追求相辅相成。她经常说的“好好做人，好好歌唱，好好生活”也使我逐渐明白了，一个追求精神世界真实，完美、精致的人，一定和善良、阳光、真诚融合在一起。

两年来，高先生身传言教，我深得益彰不光是高先生的科学歌唱方法，更主要的是我做人的目标和意义有了更高境界。

这样的改变，以至于后来在川音几十年，来到美国科州大执教生涯中，都十分快乐，得心应手地开展教学和艺术演唱生涯。每学期的声乐考试，我的学生总是名列前茅。我在欧美以及中国各大舞台上的演唱也受到了业内肯定，这都归功于当年高先生感化我的做人品德，使我到处易结善缘，形成良好人际关系。在专业上给我打下了坚实的基础。

近年，我时常被邀请回国在各大高校讲学，广受好评，尤其是 2019 年春季，我与美国科州大专家代表团一行 5 人在成渝两地高校举办大师班与音乐会，大受欢迎，为高校的青年教师们解决了声乐专业上的很多问题，也与各地同行教师们结下了深厚的友谊。

高先生走了，我相信先生在天国是一颗闪亮的星星，她每天微笑地看着我们犹如她来到人间播下的一颗颗种子，在先生当年耕耘过艺术教育这块神奇的土地上，正在发芽、开花、结果，愿先生在上帝的怀中安息！

张莉来美国后，和高老师相聚的日子

张莉简介

美国威廉蒙·佩大学、林肯大学、贝佛大学声乐表演荣誉艺术博士，美国声乐教师协会会员，四川音乐学院歌剧与合唱系原主任及教授、研究生导师，并担任多所大学客座教授。张莉现任美国科罗拉多州立大学声乐教授，研究生导师。

张莉先后师从程希逸、高芝兰、王秉锐、赵碧璇教授以及美国大都会歌剧院女高音歌唱家、美国声乐教师协会主席：玛蒂尔·罗兰德夫人。

张莉促进中美音乐家交流活动，曾担任多部中外歌剧如《雷雨》《江姐》《唐璜》《茶花女》《蝴蝶夫人》等主要角色，在大型经典作品如贝多芬《第九交响曲》等担纲独唱、领唱工作。歌声响遍欧美世界舞台，广获好评。

张莉促进中美音乐家交流活动

七、敬爱、亲爱、永远的高老师

芬　美　倪亚贺萨

程振华按：

这位阿里山姑娘，是一位迷途羔羊。她凭借一副山地居民天生的好嗓子，漂洋过海来到美国，一边打工，一边攻读声乐艺术。几年之后反而失去了嗓音。她辗转求教数名教授，非但没有希望，却遭到几位大学教授心灵上的打击，他们几乎摧毁她对歌唱艺术的追求。

她异乡寡助，只有认命，最后也准备彻底放弃了歌唱，转行求生。就在她歌唱艺术生命悬崖绝谷境地时，遇见了高芝兰教授。高老师在不长的时间里，从绝境把她引向歌唱艺术发展之路。高老师不仅拯救了她的嗓音，更是用大爱，赋予她灵魂歌唱的自由。

这样的案例美国有，中国也有。都是在别的老师班上教坏了嗓子，再由高老师给予补救，在不长的时间内，使学生恢复了 Bel Canto 歌唱的能力。

这姑娘，用台湾人习惯的思路和语言，写下了这篇充满爱心感泣的自述。我决定采用在这本书里。

并希望这位姑娘读到这本书。

天涯海角，我给予这姑娘最美好的祝愿。

要放弃了的美声

那年是我学习过程中最低潮、最沮丧、最辛苦的一年。

因家境不富裕，学音乐是遥不可及的我，却有永不放弃的梦！跟着爱听古典音乐的父亲听音乐，我爱上了歌剧、交响曲、协奏曲……在当时台湾原住民（少数民族）应无人如此热爱西洋古典音乐。来美国加州大学，修教育，戏剧转到音乐系的长笛，又戏剧性地转入声乐系，一路走来我坚持对音乐的热爱！对音乐的追求！

入声乐科前自己已有少数民族自然高亢清亮的歌声。信心十足地相信自己的潜力。系主任安排我跟一位留德老师上课，声音圆润但内藏。不是自己追求的亮丽、圆润、灵敏、多面，音乐情感丰沛的声音。换了一位同样的教授，我自然的声音已经磨得无感，无光，消失！再换另一个教授，系中的教授已为我换教授数次争吵不休。我已信心全失，彷徨无助，毫无门路，毫无方法！我变得害怕唱歌。练歌变得无比的受虐！“放弃吧！”我告诉自己。开始学得太晚了！不年轻了！或许自己根本不是唱美声的料！

恩友，恩师，收留

我唱不下去了！以往热爱唱歌的我几乎封口！我的指导老师不听我的学生演唱发表会就罢了，竟丢给了我一句：“I Careless！”（我不在乎！）他对我总有一种可有可无的教学态度！我极度沮丧！

在如此的情形下我只能向外求助了。跟一些不适合自己的老师学了一阵子，声音依然没任何进展。自己每每和着泪琢磨着，要怎么办哪？一句话不说的我总在练习室练两三个钟点，一无领悟！

天无绝人之路！同样修声乐的好同学李棠告诉我，有个上海音乐学院的退休教授移居到旧金山湾区，我可以去拜访她并看看她是否愿意教我。我知道上海音乐学院是国内数一数二的音乐学院，且老师的高徒在国内外知名的有好多。要如此国际级高水平的教授收我为徒，在我那时的状态，我极没把握。我犹豫了一阵，但真是无路可寻了，我决定拜访高老师。

那是1994年，是我人生最重大、最美好的转折点！拜访老师那天，我比上台唱歌还紧张，心头预设了很多的“万一”。李棠一路告诉我好多有关这位老师的事迹，老师为人诚信、正直，热爱音乐，忠于教学，教学方法一流，有教无类，爱护学生，帮助学生……

老师的慈爱和没有名师架子的态度让我的紧张缓和许多。她那朴实得体的穿着，大师风范的谈吐，对音乐了解的深广度及热爱，令我崇拜不已！她客厅的一面墙挂满了她的金唱片和大大小小的剧照，瞬间她成了我的偶像！

她是第一个进国际顶尖的茱莉亚音乐学院学声乐的中国人。在当时的国内，听古典音乐、听歌剧的应是少之又少。更何况是去唱它，表演它！

老师出国前，在上海已有名气，她开了多场募款演唱会筹措学费。到了茱莉亚音乐学院，有很多名师愿意指导她，但她坚持找一位适合她的老师学习。

在上海，她以一周的时间练完威尔第的歌剧《茶花女》，表演后获得各界激赏！为了学正确的、不同语言的发音，她带着乐谱在上海租借区到处询问学习，意大利文、法文、德文、俄文、西班牙文……那时她还未满20岁！为此她曾被怀疑过！但为着对歌唱的热爱，她坚持求真求善求美！她的热爱音乐，执着于音乐真善美素养的态度激励我、影响我非常深远！

上课，一无是处的基本功

我和老师的第一堂课，我紧张得全身冒汗，发抖。一张口就嘴唇抖，鼻子抖，整个脸都抖得厉害！原本已被整得不能听的声音这下简直一无是处，七零八落！知道自己没有水平，面对如此大师级的老师，真想就化到钢琴中消失不见！ 4年，白搭！再下来的硕士班学错了，这江山就再也不属于我了！想到此，我挺直了背，全身全脸发抖地听候老师的评断！

“怎会如此？怎会如此？”老师几乎是“惨叫”！我全身全脸抖得冷汗都可以抖下来！她会不会就不教我了？我开始胡思乱想起来！怎么办？“嗯，基本功一样都没学好，坏习惯倒是一堆，声音倒还可以，我试试看，改变坏习惯顶难的，你得努力琢磨，要不你没得唱啦！”一回神听到老师这么说，我高兴地握着老师的手谢了不知多少回！

“Ah……”位置高一点……喉咙开大些……声音流动……呼吸沉下……音点贴好……气搭好……老师耳朵之精准什么都逃不过，我没有任何偷懒的理由和余地。在最短的时间我想有很显著的进步。但任凭老师最有经验的教法，我好一阵子停留原点！坏习惯扯得我痛苦不堪！我琢磨，琢磨，还是领悟不出老师的方法！老师不厌其烦地分析、解释，且一而再，再而三地示范。没有任何的不耐烦，精神从来不减！当时老师已70多岁了。声音依然明亮极了，气息的运用无懈可击，曲子的诠释深入精髓。我对自己的迟钝极度不能原谅！有这么好的老师是多少年修来的因缘，我怎么可以这么愚钝！我日夜琢磨方法，研究唱歌的道理。常常捶头揪心！

第一次“唱对”

心头闷闷地走进教室，心头嘀咕着自己和老师上了要半年的课，却没有一个让老师和自己完全满意的音！自己进步太慢啦！我在心头叫着！这没道理！真钝！老师眼见我不乐，极不忍。她知我对唱歌的热爱成痴。“若在上海就好了，你可住我家。每天听着你练歌，进步应该很快的。”好些上海音乐学院的学生住老师家就近上课，全免费！见老师疼爱学生之情。尤其对我这最后一个入门弟子！老师得知我是少数民族，一人在国外工作求学。上课不收费用。“这个岁数了，金钱、名利已完全是身外之物，与我无关。我离开国内这是其中的原因之一。我只喜欢和我喜爱的音乐一块儿，平静喜乐过日子。”

老师最爱的是美国加州的32频道，是24小时艺术音乐电视台。全世界著名的音乐家表演都可欣赏。

今天要唱的是选自歌剧《水仙女》的咏叹调《月亮颂》。先唱了些练习曲，老师总提醒我：“发声要像唱一首歌，气息，声调，音色，音质，情感……都要用到！”“Ah……Eh……i……o……u……”我全心地唱着……老师“啊”的一声兴奋地说：“对了！对了！唱对了！”我快乐地重复我唱对的音程！感动得想哭！那是改变我一生的转折点！以后唱对的部分越来越多。老师的要求愈高，教得也愈起劲儿！我们呢，高兴感动的程度对等！

我领悟了老师的方法后，练得更勤快更快乐！每领悟一样方法，一种诠释，一种感情……我和老师就会一起好兴奋，好感动！不多久我进了歌剧院，真正开始我的唱歌之旅！从此，我的生命充满惊奇、惊叹！一路游唱近百国！所经之处美不胜收！所欲之事喜乐充满！

感恩永远的恩师

每每演唱后回美国，第一件事就是去看老师。相见甚欢，无话不谈，谈一个早上或一个下午是常有之事。我们聊时事，聊我的表演情形，聊老师的近况，以往，聊现在音乐的趋势。最多的时候我们聊音乐——我要如何连接乐句，我要如何延长气息，改变咬字，传播美声。我要学的太多！舞台的不同音效是经验和基本功的挑战！我欣然接受！因为我有高老师！老师的指正、提醒是我演唱必备的。每次演唱前我一定在幕后感谢老师。没有她就没有今天台上的我！我的生命就不会如此丰盛无悔！

2013 年年初回美，老师的电话断线，我预感老师一定有事！好不容易联络上静宜，老师的儿媳妇。“妈妈在疗养院，不见任何人的！”她说。没透露老师任何的情形。我真认为老师老了嘛，住那儿有人照顾。但我太想念，太想见她了。

再电静宜：“芬美，妈妈已经……”

“啊！”我的心无比锥痛……

第三章

回忆母亲

——献给敬爱的母亲和她所热爱的学生们

马小兰

2013年4月12日凌晨，母亲与世长辞。我永远不会忘记她的逝世对我的影响。我的悲痛使我认识到我尊敬热爱她，不仅由于她是母亲、一位歌唱家，而是因为她是一个把艺术看作自己唯一的道路、毕生全力以赴的人。

母亲出生于一个普通家庭，她秉性善良、诚实，对父母很孝顺。新中国成立初期刚进音乐学院工作时，每月120元的工资，总要拿出80元供养外公外婆。在生活中，母亲是个非常安静的人，平时很少说话，除了教学生、练唱，还喜欢看书。我父亲是学经济的，对历史、文学、绘画和音乐有着广泛的兴趣爱好，家中藏书很丰富。父亲的性格豪放、热情，非常幽默。抗日战争时期，父亲刚从上海交通大学毕业，家住海宁路，过外白渡桥时要强迫给日本人鞠躬，父亲愤然，一根扁担挑80公斤行李，从上海走到了重庆。抗战胜利后，父母在去美国留学的轮船上相识。我记得小时候听父母讨论法国文学家巴尔扎克的小说《人间喜剧》中的情节，听父亲津津有味地介绍《教父》的电影剧本，说那是他看过的描写黑社会和暴力电影中写得最有艺术性和人情味的。在人物传记中，母亲最推崇的是玛丽亚·卡拉斯（Maria Callas）。母亲经常赞叹说，在卡拉斯的表演中没有一丝一毫的矫揉造作，完全自然朴实，使观众得到心灵的满足。卡拉斯一生带有浓厚悲剧色彩的经历，使她在舞台上塑造出文艺复兴初期的那种豪迈的清朗，以及古希腊时代高贵的谦虚和单纯、静穆的美。从她身上体现出那些有特色的精神质量——今天很难找到的庄严品格：又热烈又怡静、又深刻又朴素、又温柔又高傲、又微妙又率直。尽管卡拉斯嗓音的音质不属于极漂亮的，但母亲却说，嗓音不等于一切，除了嗓音之外，一个歌唱家，还得具有天生的热情和崇高的心灵，这些条件只能得自天赋，教师无法传授。

母亲还经常提起年轻时在纽约茱莉亚音乐学院学习期间，曾有幸去林肯中心聆听小提琴家海菲兹（Jascha Heifetz）的音乐会。她回忆起当时，她听到海菲兹拉出的第一个音时，浑身顿时像触电一样，心立即被深深的感动。那是一种纯洁的心灵之间的交流，不需要任何语言。母亲说：“听海菲兹的音乐会，就像在听一次娓娓动听的讲道，那时，年轻的她就深深体会到学音乐是件了不起的事，因为它可以使我们和世界上最美好的心灵相通。”现在很少有人认识到能同这些伟大的智者交流感情是何等的荣幸。母亲还说，“无论你是演奏小提琴或是钢琴，包括声乐，甚至是绘画、建筑，最高的境界，意理都相通。我们平时往往过多地把注意力集中在纯生理的努力上，而忘记了演唱和演奏主要是心理上和想象力上的，所以一个歌唱家的演唱一定是他（她）本人所受的熏陶、教育和脾气、性格的反映，也就是构成他（她）人格的才能和品性的反映。”

母亲诚实的秉性使她自小就疾恶如仇。她常对我说：“我最痛恨虚伪，我也不会说假话，如果要说谎，我自己首先就会脸红。”她又说，“自然无伪，是艺术的灵魂，无论是为人还是唱歌，首先需要的就是真诚。”可是，如今的世界已变得如此肤浅，人们对花言巧语、哗众取宠已习以为常，反倒不习惯去听那些出自心肺的实话。由于母亲对于迁就低级趣味、随波逐流的人和事一向反感，加上她天生坦率，有什么讲什么，常常为此得罪人，引起误解。记得小时候，温叔叔（温可铮）曾在我面前讲母亲的笑话：“新中国成立初期‘三反、五反’运动时，上面要求每个人写一份检查，检查自己贪污浪费公共财产的错误行为。大家拼命挖空心思要把这份检查写好，比如有人说自己用公家信纸信封写私人信件，有人说使用公共厕所后忘了关灯，上公共汽车少买了票等等。只有高先生交上来的检讨只有五个大字‘我没有贪污’。”“文化大革命”后期，学校恢复上课，派我母亲去山东招生，当时仍有很多知青在乡下插队，报名的人非常多，有一名考生是音乐学院一位系主任的亲戚，这位系主任也是母亲的老同学，于是找上门来，要求母亲帮忙。母亲毅然回绝，说：“我不能昧良心，这个青年人嗓子条件太差，如果把他招进来，全校都要骂我，你也是学校的教师，我们都应该对学校负责任。”为此，得罪了这位老同学。事后父亲对我说：“你妈妈太老实，头脑简单，讲话太率直，在文艺界这个钩心斗角的环境里，肯定会吃苦头，好在她是个外表温柔、内心坚强的人。你，如果没有准备好自己将面临多少挫折和失望，只是想通过学习艺术赚钱，取得轻易的成就，过一下散漫随便的生活，那你是学错了专业，最好趁早改行。可是你要有种，你就仰着脸一直往前走。”

我家有五口人，父亲、母亲、我和一对双胞胎弟弟。母亲很爱我们，但是，我看得出，母亲对自己的学生除了爱，更在乎、更关心。因为学生是她所热爱的事业的继续，是她精神上的寄托。我们家在肇嘉浜路有一座带花园的房子。每年外地来进修的学生很多，在上海没有地方住的一律住在我家三楼，母亲管吃管住，不收学费。由于把自己一生的理想、期望都放在学生身上，母亲对学生的要求严格得近乎苛刻，甚至在上公开课时批评也丝毫不留情面，许多学生经常被“骂”得回宿舍大哭。有一天母亲在家里的客厅里上课，我正巧要去客厅里拿东西，轻轻推门进去，只听到一句呵斥:“你根本不是学艺术的料！”我马上退了出来，学生离开后，我对母亲说:“你这个学生以后不要说唱歌，恐怕连在你面前讲话也不敢了。”事后那位学生告诉我，母亲亲自向她道了歉。母亲曾告诉我，她20世纪40年代在纽约茱莉亚音乐学院学习声乐时，老师告诉她，要培养一个好的学生，首先教的不是技术，而是磨炼意志、耐力，老师会故意让学生受委屈，看你精神上顶不顶得住，只有当你在内心里具备了永远不变的、不可动摇的、在困难和失败之中仍然滋长的、始终如一的对艺术的爱，只有到那时候，你才有资格成为专业人士。

还有几次，学校声乐系举行考试，由于母亲有事外出，她的学生没有得到应有的高分，母亲对前来抱怨的学生说:“别人之所以能把你的分数压下来，证明你还不够好。如果哪一天，你唱得比其他人都高过一大截，到那时没有一个人，就是他权力再大，也不能把你压下来。记住要有严格的纪律，要有自知之明，要多用脑思考。”事后，母亲对我说，“其实我并不太在乎学生考分的高低，我希望他们学会在失意中坚持，成为更聪明、更敏锐、更忠实、更公正的人。”

母亲退休后，移居美国加州。我弟弟绍宏在那儿有一份很好的工作。加州气候温和，阳光明媚，母亲很喜欢那里安静的生活，她每天阅读很多书。我和先生工作都在密歇根州，每星期三下午两点，是我和母亲通电话的时间，我们聊各自读过的书，谈话中经常提到的，还是她最在乎的学生们，她为他们取得的成绩而欣喜，同时也会为他们在生活中，事业上遇到的困难而担忧。母亲回忆起她年轻时，尽管生长在一个普通的家庭，外公外婆并不是音乐爱好者，但那时，生活比较悠闲，人与人之间的关系，比现在简单得多，不那么虚伪，那是一个感情充沛的时代，可以凭直觉获得许多的知识和理解，你只要有梦想，愿意努力，肯吃苦，能坚持，你就能获取智慧，学会专心、真挚和意志。看着自己学生在国内国外的艰难经历，母亲心痛，她经常对我说："小兰，我真想帮帮他们。"有时她让我寄一些钱给那些在国外经济上遇到困难的学生，但那毕竟有限，母亲有一次在电话中对我说："现在要静下心来唱歌都难，因为他们首先要能活下去，现代生活中什么都是要'钱'，人们追求的是功利，然而心灵、思想、美梦，再也没有人提了。"母亲还感慨万分地说："无论嗓音的柔韧性如何奇妙，无论发音者如何有力，无论曲目如何广泛，这一切都没有很大价值。除非歌唱者的智力、经验、文化修养能使他看出作品的深度和思想感情。所以一个艺术家，必须在经济上无后顾之忧，有大量的时间听许多最优秀的音乐会，读许多最优秀的书，看许多美丽的画和建筑，同时也要学会体验人的感受：欢乐与悲哀、成功与失败、爱与恨。国外有许多秀的演奏家，在年轻时一旦被社会发现了他们的才能，马上就会有各种音乐文化的基金会，为这些年轻人提供一切经济上的支持及更多更好的学习机会。可是，看看我们今天这个社会，大多数年轻人，尽管他们有着不一般的才能，为了在艺术上给自己争取、寻找机会，非得在交际场中或政治圈里去拉关系，他们将耗尽一生为了衣食住行，再也不剩下一分钟的时间去做歌唱家了。"母亲说，她一生最大的愿望就是将来中国也有各类奖学金基金会，去帮助那些有志献身于艺术的年轻人。

20世纪90年代初母亲应香港文艺界的邀请，赴香港教学。香港金融界、新闻界、商界、文化界许多上流社会艺术爱好者，都慕名前来上课，收入丰盈，而且经常有人请母亲去香港最豪华的会所俱乐部游览。母亲年轻时的一个好朋友许阿姨在香港半山上有一栋房子，因为单身，平时只有保姆和她两个人，她想请母亲长期在香港居留："芝兰，你留下来吧，住在我家，你将成为香港最有声望的音乐教授。"可是母亲还是婉言谢绝了。她宁可回到加州她的小公寓，教几个认认真真、想把歌唱好的学生。母亲在加州的学生有从日本、韩国、中国大陆和中国台湾来的。其中有一位中国台湾来的高山族学生，在加州一所大学的音乐系学习声乐，因为定错了声部，唱坏了嗓子。遇到母亲后，一点一点帮她纠正过来，最后使这个学生重新走上专业舞台，成为高山族第一位女歌唱家。直到今天我依然衷心地赞叹，羡慕母亲对优越物质条件表现如此庄严的冷淡，对成功表现得如此安闲。

母亲直到最后都保持着她的本色，而更崇高、更净化。她的一生从17岁开始和俄国歌剧团演出歌剧；赴美求学于茱莉亚音乐学院；担任上海音乐学院声乐系教授；40多年培养的学生中，多人在国际声乐比赛中获首奖；先后三次任国际声乐比赛的评委；并荣获"金唱片奖""金钟奖终身成就奖""上海文艺家终身荣誉奖"。在母亲最后的几年，她把这所有一切：人生的梦想、成功、烦恼、痛苦、同情都默默地封闭在安详的外表中，那些接近她的人只能从她温柔的眼光和微笑中体会到她的坚强与高贵，却不会知道她的丰富经历，如深沉的湖泊，平静的水面下保藏着整整半个多世纪的秘密。

人有两种：一种在尘世繁华的名利场中张扬，然后消逝；一种在执着追求，不弃不挠中磨炼，炼为精纯。一种是皮囊，一种是灵魂。

一首小诗刻在母亲的墓碑上：

你，用一生实现对美的追逐，
我，用一生追逐你的脚步。
等你归来——你在我心中。

马小兰

2014年7月15日于美国密歇根家中

第四章

她与艺术结缘，启迪我对生命的认知

程振华（路禹）

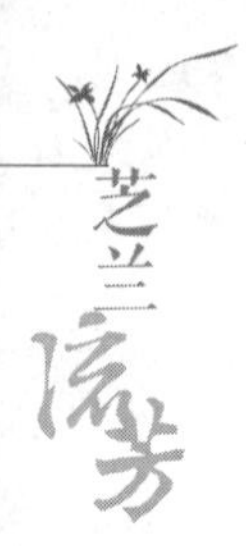

中国教育界先贤蔡元培先生提出：美育代替宗教。

高芝兰教授的教学宗旨：好好做人，好好唱歌，好好生活！

这让我想起爱因斯坦告诉他女儿 Leisel：“有一种无穷无尽的能量源，迄今为止科学都没有对它找到一个合理的解释。这是一种生命力，包含并统领所有一切。这种生命力叫‘爱’。爱能让人们互相吸引。爱是能量，因为爱产生我们最美好的东西……爱能掩盖，爱能揭露。”

爱因斯坦发现的这种“爱”的力量，活跃于文艺复兴之后的经典文艺作品中。

前辈贤哲认为：因为人类互助互爱，才创造了人类社会文明。

高老师一生崇尚文艺复兴之后的经典作品，这些之所以经典，就在于描写人性真实的复苏。对社会：以大爱、奉献、和谐、宽容、救赎为本。对个人：要遵守严格的自信、自重、自律、自强的做人之道。人格定义：“美，丑，善，恶”分明的价值观。

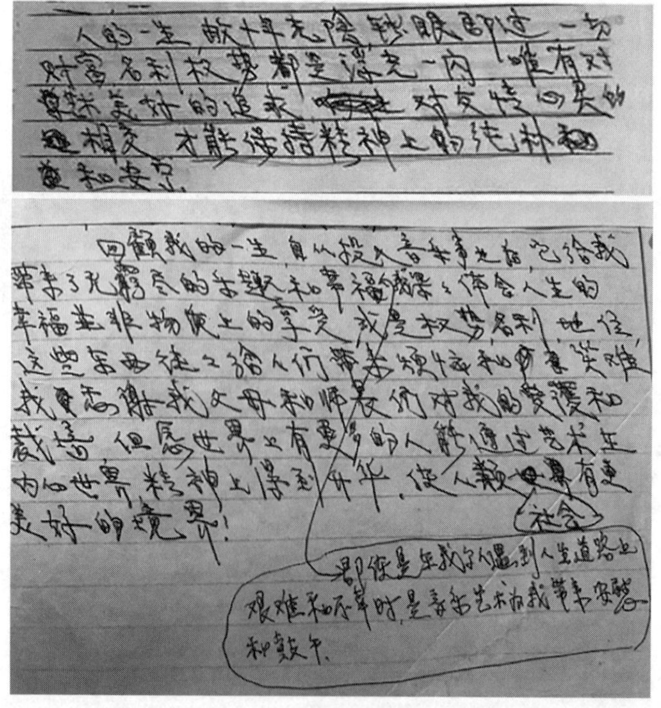

人的一生数十年光阴转眼即逝，一切财富名利权势都是浮光一闪，唯有对真诚美好的追求，对友情的真诚相交，才能保持精神上的纯朴和宁静和安宁。

回顾我的一生，自从投入音乐事业后，它给我带来了无穷尽的乐趣和幸福，深深体会人生的幸福并非物质上的享受，或是权势名利地位，这些东西往往给人们带来烦恼和痛苦、灾难。我更感谢我父母和师长们对我的爱护和栽培。但愿世界上有更多的人能通过艺术在内心世界、精神上得到升华，使人类社会有更美好的境界！即使是在我们遇到人生道路上艰难和不幸时，是音乐艺术给我带来安慰和鼓舞。

高芝兰手迹照片

但愿世界上有更多的人，通过艺术在内心世界，精神上得到升华，使人类社会有更美好的境界！

——摘自高芝兰笔述自传手迹

高老师的女儿马小兰在《回忆母亲》中写道："在人物传记中，母亲最推崇的是玛丽亚·卡拉斯（Maria Callas）。母亲经常赞叹说，在卡拉斯的表演中没有一丝一毫的矫揉造作，完全自然朴实，使观众得到心灵的满足。卡拉斯一生带有浓厚悲剧色彩的经历，使她在舞台上塑造出文艺复兴初期的那种豪迈的清朗，以及古希腊时代高贵的谦虚和单纯、静穆的美。从她身上体现出那些有特色的精神质量——今天很难找到的庄严品格：又热烈又怡静、又深刻又朴素、又温柔又高傲、又微妙又率直。尽管卡拉斯嗓音的音质不属于极漂亮的，但母亲却说，嗓音不等于一切，除了嗓音之外，一个歌唱家，还得具有天生的热情和崇高的心灵，这些条件只能得自天赋，教师无法传授。"

我认为这是对高芝兰教授的艺术观，审美品位，人格准则，以及内心世界最真实恰当的描述了。

玛丽亚·卡拉斯一直沉浸在文艺复兴经典作品的内涵中，她具备了荣辱贵贱鲜明的价值观念，刚正不阿扬善驱恶精神的她，却在临近晚年坠入爱河，她怀着一颗热烈纯洁的心，投入爱情生活，却遭到可恶的Onassis欺骗和粗暴的抛弃。这令卡拉斯陷于极度羞辱悔恨的痛苦煎熬中。她两年前尚在日本开独唱会，演绎状态依旧完美精彩。然而在感情遭受重创的两年后，她在孤独消沉中听着自己的录音歌声，香消玉殒于巴黎的一间公寓里。

年轻的高老师敬佩卡拉斯光辉高雅的舞台风度和感人的歌唱艺术，这深刻地影响着高老师对艺术目标的追求。晚年的高老师看到这位歌唱艺术家的生命结局，自然感慨万分。这促使高老师对艺术事业产生更积极的联想。

文艺复兴经典著作核心价值，也深刻地浸透在高芝兰教授的人格和艺术成长中。潜移默化地铸成了高老师光明磊落，质朴坦荡的性格。她以巨大的爱心，终生努力让艺术之美融入社会，让艺术的美，使我们的社会高尚起来。这是高老师自己设置的从事艺术事业的社会使命。她也要求学生要不断提高人文修养，更准确地表达经典作品。让学生们也成为这些作品最忠实的演绎者。当然，盼望她的学生中有人也达到卡拉斯的艺术水平，

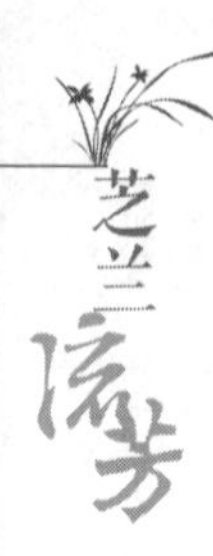

甚至更好。

高老师总结对艺术和生活的体验提出对自己和学生们的要求：好好做人，好好歌唱，好好生活。她永远把做好人放在歌唱事业的首位。我的理解——

“好好做人：就是要光明磊落，坦荡真诚，勇于承担，无私奉献。”

“好好歌唱：要忠于艺术，追求完美，坚持努力，永无止境。”

“好好生活：精致无瑕，品味高尚，爱心乐观。”

写到这里，如何最真实地认知高老师和她对退休生活的选择？

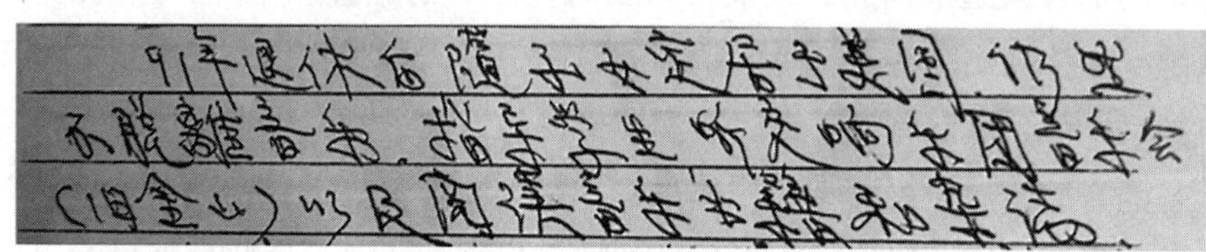
91年退休后随子女定居于美国，仍然不能离音乐。指导学生，听音响，去国音乐会（旧金山）以及阅读音乐书籍和生活

高芝兰手迹照片

高老师自传写到1990年离开上音为止，主要叙述她的艺术生涯和教学。我们如何看待她后来在美国的22年“退休”生活？作为资料整理，我要特别感谢马小兰的《回忆母亲》一文，真实深刻地揭示了高芝兰教授的心灵世界。我长久地思量高老师36571天生命全程的作为……

“美”，“爱”，人性的升华与传承！

西洋古典声乐词曲之“美”，孕育了幼小的高芝兰心灵，驱使她踏上终生追求完美歌唱的征途。这种对完美无瑕的追求，也凸显在她大半个世纪的培育人才的教学中。她把这“美”，化为无穷无尽的“爱”，拥抱了所有她的学生和接触过的人。如同马小兰说：“年轻的她就深深体会到学音乐是件了不起的事，因为它可以使我们和世界上最美好的心灵相通。现在很少有人认识到能同这些伟大的智者交流感情是何等的荣幸。”

美，是一面镜子，折射出一切的丑陋。追求美，是人性的本质。我们进入大自然，那种心旷神怡的畅快，就是美感在心灵深处激发出来的最真实的爱。进入艺术的美；面对着一首诗歌，一段音乐，一幅画作，作者把心灵深处的美传递给我们，激发巨大的力量，主导我们的思考和行为。

高老师告诉马小兰说：“只有当你在内心里具备了永远不变的、不可动

摇的、在困难和失败之中仍然滋长的、始终如一的对艺术的爱，只有到那时候，你才有资格成为专业人士。无论嗓音的柔韧性如何奇妙，无论发音者如何有力，无论曲目如何广泛，这一切都没有很大价值。除非歌唱者的智力、经验、文化修养能使他看出作品的深度和思想感情。”

从高老师教学基本理念来看，Bel Canto 歌唱技术不是艺术，只是工具；歌唱者只有理解词曲的内涵，以充沛的感情，用高超的歌唱技术来完美演绎作品才是歌唱艺术。这要歌唱者净化提高人格修养，终生不断努力锤炼技术，才能达到的境界。“如果撇开欧洲文艺复兴的那些经典声乐作品，只谈 Bel Canto 技术，就是舍本逐末，无的放矢。”

孙秀苇说：“在我 20 多年的歌唱生涯中，让我一生感激，而且一直影响着我的人就是高芝兰老师。高老师对我人生观、价值观，潜移默化，一直伴随着我的艺术之路，使我受益终身。”

迟立明同学谈跟高老师学习时说：“每当完成了一个角色塑造……那种精神境界的升华，剧情和音乐的美，给我的满足感，远远超过了任何物质的需求。高老师把我引进这个工作境界，我充满幸福感。”

当高老师知道李怡萍同学的童年身世之后郑重地说：“怡萍，我没有其他东西给你，只有把我全部的歌唱本事交给你。”李怡萍说：“从部队文工团进了上音本科。唱的作品变了，我的世界改变了，生命意义不同了，从连队到国际舞台，高老师用繁重的曲目内涵，Bel Canto 歌唱方法把我塑造成另一个人。”

汪燕燕说：“追忆当年紧跟高老师身边学习，才能深感她的不凡、清高、渊博、智能、严厉、理性，和我在学习有明显进步时，她的喜悦和温暖，都是那么的美好和深刻感情体验！高先生，我的恩师，我的榜样，我永久的记忆！”

四川音乐学院来进修的张莉说：“两年里，先生对于歌唱艺术完美的追求，使我观察到高先生的为人高尚儒雅，宽厚仁爱，真诚坦荡的性格，和她对艺术完美的追求相辅相成。使我逐渐明白：一个追求精神世界真实、完美、精致的人，一定和善良、阳光、真诚融合在一起。”

高老师的同事们、学生们，都以真挚深厚的感情怀念高老师。每一遍校对他们的追思文稿，感受到文艺复兴人文精神，经典艺术的力量薪火相传，都使我动容不已。

无我无求，无限给予！

时间，丈量生命的基本单位。

通观高老师的一生，“给予”是她永久的习惯，也构成了她人生快乐之源。在专业方面，她认为完全义务地“给予”有天分又肯用功的学生的音乐教学，是她义不容辞的天职。给学校规定之外的很多学生，挤出时间上课，三五年，十几年，临时的，固定的，比比皆是。挤时间当然是从她生活的另外部分：自修、家庭、休息、自我调节生活、敬奉父母、关爱亲子等个人时间里索取。无尽的奉献，无尽的给予。更有甚者：吴大昭老同学回忆：“一件事让我非常感动，也感到不安，就是那时高老师已经怀孕，快到预产期了。她仍不休息，坚持给我们学生上课。很可惜，这孩子没有来到人间，夭折了。想起来，我作为学生感到愧疚。老师为我们做得太多了。”吴大昭原来的老师苏石林教授回国了，而吴大昭就要毕业了，高老师认为一课也不能缺。完全不顾自己已有身孕，毫不吝啬地挤压自己的时间，勉强撑住给他上课，给予，付出，给予，付出……

贾芳同学也有一样的回忆：“60 年，赴江西六边活动，夏季炎热，高老师牵挂我的毕业音乐会，农村干活再累也抓紧时间给我上课。8 月在上海音乐厅举行毕业音乐会，我演唱了《月亮颂》等曲目。毕业后 6 年以来，高老师仍旧坚持每周给我上课。并帮助解决我在戏剧学院教学遇到的问题。高老师有求必应无私地帮助了许多人，人人爱她。很多人都找她，自然也就让她忙碌不堪，影响了她正常家庭生活。她总是把对社会尽责，把学生演出活动等放在家庭事务前头。”

以上这两位同学，均已作古，他们留下这些让人心酸的文字，使我长久不能平静下来。那些现在还在舞台上拼搏的一代人呢？除了主科之外，高老师给他们补基本乐课，教授文化课，甚至于为同学唱一个舒服的调子，而挤出数晚时间挑灯手抄谱改调。至于在物质生活极不宽裕的环境下，给吃、住、送脚踏车、寒衣、给营养费等等，似乎她来在世上就是为了付出，她要承担学生们的所有需要。而自己从无索求。这样的给予和牺牲付出，让人动容。

使命，使命，高老师就是这样使用自己的命！

突然想到，那些年高老师把我从香港带回来孝敬她的巧克力，放在钢琴旁边，就为奖赏每一堂课学习有进步的学生。那糖果，我估计连幼小的孩子们都可能吃不到。这事情虽小，但，那个年代，在孩子眼里可不是小事。还有那些总在高老师家里蹭饭的学生，可曾想过口粮短缺的年月，你碗里的饭，都是从孩子们碗里拨出来的？每颗糖、每粒米都是高老师对学生们沉重爱心的结晶。

马小兰说：“我家有五口人，父亲、母亲、我和一对双胞胎弟弟。母亲很爱我们，但是，我看得出，母亲对自己的学生除了爱，更在乎、更关心。因为学生是她所热爱的事业的继续，是她精神上的寄托。”

高老师所有的一切都是为了歌唱艺术事业。而在演艺界这个名利喧嚣的地方，她自己全无索求。她教了 30 年，在 1980 年作为访问学者赴美工作，职称仍旧是 30 年前的“副教授”。这个奖，那个奖，都在她退休 10 年后才补发，她都一笑置之，处之坦然，全不在乎。

她更宽宏地说：“那些后来有成就的学生的成功，都是她们离开我之后的第二次学习的努力所致，我只是给她们打了一个基础，做了一个教师应做的事情。”

当然，作为一个上音教育事业的参与者，凡是学校的腐败，一切争名夺利邪恶的行为，她是绝不宽容的。但，可能会顾及留下来工作的学生们以后的人际关系，而把厌恶比较“含蓄”地表现出来。可见就连她的忍让，也都是为学生们着想。可是忍耐总有个限度，有时候她还是会流露出疾恶如仇的愤慨而得罪人。

高芝兰教授，爱憎分明，出淤泥而不染。永葆高洁人格。不愧父亲给她命名“芝兰”。

深思熟虑；辞别，离开！

父亲高叔安先生坚强奋进的性格遗传给高芝兰老师。她一生中多次“辞别”的抉择，铸成她命运取向。

中学一年级“辞别”高中，报考音专。

音专第一年后，“辞别”周淑安老师，拜师苏石林教授。

1942 年音专毕业，在上海乐坛崭露头角，前程一片曙光，“辞别”上海留学美国。

来到茱莉亚音乐学院，第一年学习后，“辞别”第一位老师，转校

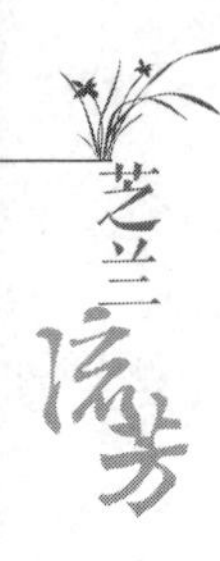

Mannes 音乐学院，师从 Francis Newsom 教授。

优异成绩毕业，在纽约独唱音乐会广获好评。David Mannes 校长盛情挽留她留美任教，她却选择“辞别”美国，回国效力。

在上音忍辱负重诲人不倦，教学半个世纪，桃李满堂硕果累累，却于1990 年退休，“辞别”黄浦江畔，决然赴美定居。寻找一片净土，安顿她那颗终生倾心歌唱艺术的心灵。

在美国我见过高老师两次，第一次是她刚到美国不久，那时候，祖孙三代共居斗室。怀抱襁褓中的孙子，在马路上和我谈话两小时，直到孙子不停哭泣，才不得不分手。第二次见面是 2004 年 10 月，采访高老师。马绍宏带我去看了他们颇为宽敞的家。我不禁问高老师：“为什么还要一个人独居敬老院一间 studio？”高老师很平静地回答：“我要一个人的清净，随自己意愿和音乐相处，过心灵自由的日子！”那时候高老师还在给一些专业和业余的青年义务上课。都是学生接高老师出去上课的。

高老师和儿媳静宜相处很好，一家和睦，他们都尊重高老师独居的选择。

但，高老师还是“辞别”儿媳的家！

教课，观摩旧金山专业团体演出，阅读最新的音乐杂志，盯着电台，电视台的音乐节目。最重要的是保持和世界各地的学生们、上音的同事们密切的联系。我看见满屋子的贺卡和照片，相信高老师的精神生活很丰富。

高老师在香港

移民美国之后，高老师来过几次香港。香港有一位青年时也曾跟苏石林老师上过课的许女士。可说是高老师的同窗闺密。还有不少歌唱爱好者聚集在高老师周围。她们大多是专业人士或者社会名流，很希望高老师留在香港教声乐。香港，可说是学音乐费用世界上最贵的地方。教唱歌收入可观。单身的许女士住处宽敞，属富人住宅区。许女士热情挽留高老师留港教书。但高老师还是选择回到加州斗室，义务地教一些认真想学好歌唱的青年人。

又是“辞别”！

在香港我和老师每隔一段时间，聚餐畅谈。我们最喜欢去的餐厅是尖沙咀文化中心二楼的“映月楼”。楼下就是中心大堂，张贴每一个月内全香港各大小剧场演出海报和各小区文化活动的节目单。饭前饭后，高老师都愿意我陪着她详细地观看这些海报。有时候还把国内外团体和个人演出音乐节目的宣传品，带回去细看。

我们谈话内容当然少不了定居在香港的艺术活动和音专老校友们。韦翰章老先生是黄自先生的同辈人，林声翕先生、黄友棣先生（后来定居中国台湾）和高老师同辈人。高老师希望知道这些老校友这些年的新作品。

我告诉她有，但能流传的不多。唯有黄自先生的清唱剧《长恨歌》，由林声翕教授把黄自先生未完成的唐明皇三个唱段做补遗配乐朗诵经常做全剧演出。高老师有兴趣。后来，我还给她看了乐谱。（2001 年，由严良堃指挥，香港小交响乐团，圣乐团合作录制 CD。我担任唐明皇独唱和朗诵）

给我的印象，高老师对于香港文化生活看法，由于过于商业化，未能有更多新作品问世感到遗憾。我们谈话当然涉及欧美音乐剧的发展，对此她持很开放的态度。对于《音乐之声》（*The Sound of Music*）、《歌剧魅影》（*The Phantom of the Opera*）等音乐剧十分喜欢。对崭新的舞台形式，到真假声结合的唱法，都有她自己的独到见解。她以为讲 20 世纪音乐发展，不可能少了 Andrew Lloyd Webber，Richard Rogers 等现代作曲家们在音乐发展上的历史地位。音乐剧对所需演唱者及其训练方法，也必然带来许多音乐院校教学根本概念的转变。总之，对于中国声乐事业的发展，她认为首先要抓创作。

在“映月楼”每次坐下来点菜，高老师总是说：“吃多少点多少，不要浪费！”很多时候，我们和钢琴家凌金园老师在一起，她们是同代人，谈笑甚欢。

在香港高老师的精神面貌非常健康活跃，有一种度假的感觉。这是我在上音多年来不容易见到的。

高老师一辈子就是这样缜密思考，确定目标，特立独行地“好好生活”。展现了她坚强的人格，自主、自律、自信。

歌声咏叙！留爱人间！

在她生命旅程的列车上，没有人能够和高老师全程走完 92 年岁月。我们每一个人只能是她生命旅程某一段的同路人。在众多同路人中，大部分人公认她能唱能教。然而，声乐界善教能唱的人，高老师不是第一位，也不会是最后一位。要真实深刻地认知高老师的内心深处，才能洞察她丰富的精神世界。

马小兰在《回忆母亲》文中又概括地说："人有两种：一种在尘世繁华的名利场中张扬，然后消逝；一种在执着追求，不屈不挠中磨炼，炼为精纯。一种是皮囊，一种是灵魂。"

"在母亲最后的几年，她把这所有一切：人生的梦想、成功、烦恼、痛苦、同情都默默地封闭在安详的外表中，那些接近她的人只能从她温柔的眼光和微笑中，体会到她的坚强与高贵，却不会知道她的丰富经历，如深沉的湖泊，平静的水面下保藏着整整半个多世纪的秘密。"

我是高老师早期的学生，也是在这"深沉湖泊"岸边走过的人。高老师的笔迹自传，只谈了她前半生，到上音退休为止。许多过往事迹，是我在学校12年不知道的。对高老师退休后，迁居美国22年的生命取向，只有仔细阅读马小兰的撰文，才使我更深刻地从精神层面、心灵高度认识高老师。这对我自己一个接近90岁的海外漂孤老人，如何看待生命意义，有十分重要的启迪。也理解高老师晚年旅居加州的抉择。

我根据高老师前半生的境遇，凭她的秉性，凭她对艺术的虔诚热爱，美的信仰，"辞别"黄浦江畔过移民生活，是她最佳的抉择。如果有人说，她为加州风和日丽，投靠儿孙，安享晚年而移民，这是简单表面化的看法，是有意无意对高老师晚年心灵精神向往的矮化。

她紧紧拥抱着歌唱艺术直到生命最后的刹那，在马勒的歌声获得心灵的升华。最后：

> 我已"辞别"了这个世界！
> 《Ich bin der Welt abhanden gekommen》
> 我已长辞人世间的混乱，在安宁的国度安息。
> 独自活在我的天堂，活在我的爱里，
> 活在我的歌中。

——马勒

学生：程振华（路禹）2021年4月12日
纪念高芝兰老师逝世九周年

（以上主要内容亦刊登在人民音乐出版社《歌唱艺术》2021年2月刊）

很抱歉，我这里没有DVD，至今还未看过你的DVD，我儿子家也很少去，年今大了只想过自己住处安静的生活。不过，我相信你的演唱一定有水平，因为有扎实的基础和长期演唱经验。

我孙子已念大学，学习很忙很少见面，我很喜爱这里安静的生活，每天有电视[illegible]台的世界著名音乐家的演出，感到满足快乐！

附近照一幅，送你留念！

振华：

Wishing you all the best
as you celebrate Christmas
and the new year!

芝蘭
18/Dec/06

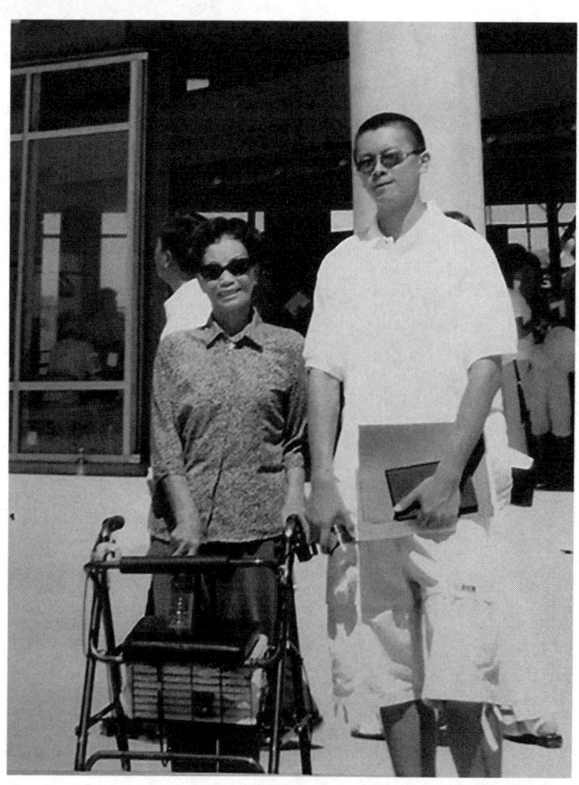

照片里的这位高大青年，就是高老师 20 多年前，站在马路上和我谈话时怀抱着的孙儿

第五章

师生情缘

振华：你好！你的来信已收到，知悉一切情况。

当然由香港市政局主办音乐会邀请孙、胡演出那是最好了，只是不知明年5月，孙是否有其它演出，待我和她联系后再说，晓平是没有的。其实我也并不在乎举办我学生音乐会的名义，因为同学们学成后有他们自己辛勤的努力，我只是在他们学习的过程中尽了我一份指导的作用而已。你是深知我的为人，不像有些人老要把功劳归于自己，甚至抢别人教好的学生归功于自己，这种争名夺利的行为，令人看得清清楚楚！人生在世一晃就过去，还不如干自己喜爱的事，终身追求美好的艺术，和有同好的朋友或学生交谈心得，享受共同的乐趣，那就更有意义呢！

高芝兰手迹照片批注：高老师退休后，曾来香港数次，居住在好友许女士家里，有不少声乐爱好者闻名而来求教。我拟在香港由市政局开一场高老师学生专场音乐会。后来，由于港沪某些人事关系未能办成。然而，这封信，却清晰地表达了高老师对师生关系的看法

第一节 高老师谈师生关系

过去艺人在处理师徒关系方面，往往是用“师徒如父子”“一日为师，终身为父”的伦理对待。可以说这由于历史原因；中国艺人，基本是代代相传。外面招进来的别姓徒弟，也都是当作亲属关系对待。这也是艺人们在那个社会环境下，绝对忠于师傅门派，保障自己的艺术成就的传统办法。另一方面，旧式演出，基本是家庭科班组织形式。几个人，最多几十个人一个班底，演出折子戏。往往一出戏就是一两个人担任演出。

当然，这样的艺术团体组织形式绝对不适用于西洋歌剧、舞剧、合唱、话剧这样的大型艺术活动。师生关系搞个人化，必然阻碍艺术事业发展。音乐院校办学，老师应该有远大眼光；学习期间，尽可能给学生打好基本功基础。毕业后应该鼓励学生向外发展，而不是把学生留在身边，给自己撑腰。更不应该把别的老师教出来的学生，拉进个人圈子给自己壮大门面。

学生毕业后进入世界舞台，面对的全新环境，对于学生来说是一个新阶段的学习，艺术生活的开始。很多事情不是启蒙老师可以传授的。以后的成就，要归功于学生自己的努力和其他老师的教导，不要把学生得到的荣誉永远给启蒙老师贴金。

毕业之后，学生紧张工作之余，还能想起启蒙老师，保持联系，是一种情分。学生由青年步入中年；上有老，下有小，职场上激烈竞争等原因，顾不上联系启蒙老师，是本分，无可指责。就算是亲情关系，现在社会绝不能用“父母在，不远行”的旧观念衡量子女的孝与不孝。父母尽责养育，是做人的基本社会责任，别指望子女知恩图报。

高芝兰老师把美声歌唱艺术作为她人生的美学观念，做人从艺的虔诚信仰传授学生。如慈母天性，对待嗷嗷待哺的青年学子，在精益求精的严厉治学态度中渗透着真诚深厚的爱心。她与每一位学生，都结下终生难忘的师生情缘。

这一章基本按入学年代次序，排列同学们的缅怀文章。欢迎今后再有

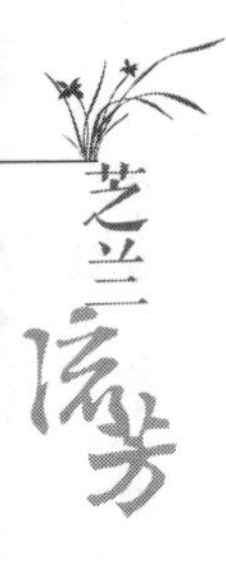

读到这本书的高老师班上的同学加入。

第二节　高老师班上早期学生回忆

2002 年，钱苑开始筹备为高老师出版书事宜，着手联系高老师在上海的最早期学生，留下对高老师的回忆如下：

孙经信

1951 年入学的孙经信写道："高老师严谨教学，亲自示范，耐心细心，给我打下坚实的歌唱基础。使我在后来的工作中做出一定成就，获国家一级演员称号。高老师刻苦奋进学习精神，做人踏踏实实，清清白白，是我终身学习榜样。后来她退休出国，未能培养更多人才，令人遗憾，是国家巨大损失。"

孙经信

2004 年 10 月

（孙毕业后分配上海广播电视艺术团，国家一级演员，担任独唱，声乐教师）

贾　芳

1954 年入学的贾芳，2004 年 11 月 1 日写道："我由于过多地担任学校其他工作，以至于不能好好学习，主课成绩由 5 分降到 3 分。随于 1957 年转到高老师班上学习主课。高老师很快掌握了对我的教学策略；她艺高胆大，谨慎严格地挖掘我的潜力，最短时间内改变唱法，稳当地掌握了 high C，攻克高难度咏叹调如《咪咪》《过街》等。1959 年，我和饶余鉴合演了《茶花女》一幕。1960 年，赴江西六边活动，夏季炎热，高老师还抓紧时间给我上课。8 月在上海音乐厅举行毕业音乐会，我演唱了《月亮颂》

等曲目。毕业后6年以来，高老师仍旧坚持每周给我上课。并帮助我解决我在戏剧学院教学遇到的问题。高老师有求必应无私地帮助了许多人，人人爱她。很多人都找她，自然也就让她忙碌不堪，影响了她正常家庭生活。她总是把对社会尽责，把学生、演出活动等放在家庭事务前头。

“记得斯义桂教授来华讲课，特邀请高老师在他的大师班结业音乐会上，演唱《妇女的爱情与生活》套曲，高老师对人物感情细腻入微阐述，精确地掌握音乐风格，气息的流畅均匀，达到我们所能听到的艺术歌曲的最佳境界，至今难忘。”

贾　芳

2006年11月1日

吴大昭

1956年春，原来我是跟苏石林教授上课，苏先生回国定居，我就转到了高老师班上。这之前，我对高老师并不熟悉，但她和蔼可亲的态度很快就解除了我的紧张。教学发声方法她简明扼要，又亲自示范，对乐曲内涵，总是细致讲解分析，使我得益匪浅。1957年，我以不错的成绩本科毕业。

就在跟随老师学习期间，一件事让我非常感动，也感到不安，就是那时高老师已经怀孕，快到预产期了。她仍不休息，坚持给我们学生上课。很可惜，这孩子没有来到人间，夭折了。想起来，我作为学生感到愧疚。老师为我们做得太多了。

2001年我赴美探亲，在美国世界日报见到专文报道高老师事迹和大幅照片。但当时不知道如何联系老师，2004年我再次赴美，临行前向欧淑君打听高老师住址电话。4月，在电话里听到高老师慈祥和蔼的声音，恳谈良久。

高老师常说:“你们要刻苦努力，我年轻时候能担纲演唱那一些歌剧曲目，不是因为我有天赋，而是我当年一步步努力的结果。也希望你们不断努力，永不放松。”

半个世纪，我认识的高老师就是这样做人光明磊落，慈爱敦厚，艺术与教学上精益求精，努力不懈。我时刻都记住她高尚风雅的形象。

欧淑君

我是1954年调到高先生班上学习。1957年本科毕业。

跟高先生学习，我始终都感到很愉快，每堂课都有收获。她因材施教，从练声音阶，元音，速度都是因人而异。做到施教之前，先对我嗓音、习性等有充分了解。很灵活地采用每个人最好的途径来训练。教学语汇言简意赅，甚至于手势动作，都是反复强调几个要点，直到我做到了，就大加鼓励。因此，我到高先生班上一年，就取得显著进步。1957年，以我最好成绩毕业。

高先生为人正直，诚恳，坦荡，直来直去不落俗套。态度永远都是儒雅文静和气可亲。值得我一辈子敬重学习。

衷心遥祝高先生在国外和儿孙生活愉快健康！

欧淑君（1957届毕业生）

2001年11月30日

（**程振华按：**2002年钱苑开始筹划写书时，以上四位早期同学，都曾经撰文怀念高老师。至今只有孙经信同学健在，吴大昭、欧淑君、贾芳三位同学均已先后去世，无缘看到此书了）

陈淑琬

我是1950年至1956年师从高芝兰老师本科毕业。毕业前夕，我被选派作为上海市大学生代表之一，赴布拉格参加第四届世界青年学生代表大会。回国后分配至中央广播艺术团任独唱兼教学。1989年退休。

高先生演唱、教学专业修养极高。为人开朗，直爽，善良，优雅，人见人爱。做她的学生实在很幸运。她对学生十分严格。第二堂课一定要背唱新功课。对于在美声基础上学习民族风格演唱，高先生也持很开放态度。

当时，高先生积极为我去布拉格参加声乐比赛（后来比赛因经费不足而取消）和随团出访演唱。时刻叮嘱我“代表国家演唱，一定要拿出最佳状态”。出国全程近 3 个月演出，荣获好评，使我感到高先生就在我身旁。

工作之后，1958 年，艺术团请来苏联专家，功勋演员阿纳托里·奥尔菲洛夫对我说：“你有银铃般的声音，你的老师非常好，声音路子正，基础打得好。现在我们继续提高。”后来跟专家巡演到上海，高老师来听了之后也很高兴：“有进步，好好唱，你会唱得更好。”

后来的日子里，我去上海住在高先生家上课进修，高先生每次来北京也总是提早数日住到我家，给我上课。实在温馨感恩。

2001 年，高先生高足孙秀苇应多明戈邀请在华盛顿演出《图兰朵》。高先生行动不便，但坚持一个人从洛杉矶飞 5 个钟头来听歌剧。很高兴我们一路陪同。又住在一起，全家开心大喜，十分难忘。3 月 27 日，高先生聚精会神看演出。孙秀苇谢幕时，高先生抹干泪水站起来精神抖擞，判若两人，大呼“Bravo”！我陪她在后台，先看到多明戈，但高先生说：“我们先去看秀苇！”两人见面欢乐拥抱的情形，实在感人。使我想到老师总说：“学生的成功就是我最大快乐，安慰！”

高先生一生刻苦耐劳地耕耘，淡泊名利，培养了诸多杰出人才，成果丰硕。一心献身于艺术，多么纯粹高尚的品德啊！

1993 年秋，我应中央人民广播电台邀请，协助制作介绍高先生的“音乐杂志”节目。我怀着激动崇敬的心情接受采访。又听到高先生美妙歌声和温柔感人的讲话。

高先生说：“朋友们，你们好！首先我要谢谢中央人民广播电台为我组织这次的播放节目。我们青年一代的歌唱家在国际上已经取得了可喜的成就，在欧洲、在美国一些歌剧院里面已经有了中国的歌剧演员，这是值得我们高兴的事情，也是我们几代人辛勤耕耘的成果。其中包括我们老一辈的关心备至的教学，和年青一代的刻苦努力学习。我衷心希望我们保持这个优良传统，继续努力，让我们祖国的声乐之花开得更灿烂芬芳。”

我毕生十分崇敬和感谢的恩师。2012 年，她 90 岁大寿时，我衷心祝福她健康长寿。数月前在电话里听到她健朗的声音，我倍感欣慰。没想到

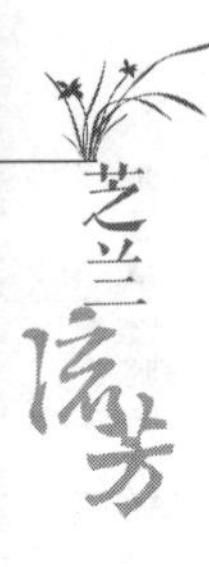

在2013年4月13日晚上突然接到高芝兰先生女儿马小兰传来的噩耗，我震惊，悲痛万分。

敬爱的高先生离开了我们。

陈淑琬

2013年7月于美国弗吉尼亚州家中

王　珍

我是1955年考进本科，跟高老师学习6年毕业。记得她当时怀孕，来学校上课不方便，就让同学都到她家上课。从来不缺课。一点不马虎，十分认真。记得那一年，学校选我参加"上海之春"音乐会，高先生为我选了《咪咪》的咏叹调和一首中国歌曲。还特地选了杨秀娟同学为我钢琴伴奏。高先生抓紧时间很仔细地听我们和伴奏，使得我很有信心地演出成功。

前几年来美国探亲，很高兴见到报纸上介绍高老师的事迹，后来，我们经常保持着书信联系。

知道高先生去世后，非常伤心。很希望《芝兰流芳》一书早日出版，慰藉我们各地同学对老师的深切缅怀。

王　珍

2018年11月于纽约

程振华（路禹）

记得大学三年级，1962年，上海歌剧院首次尝试用西洋美声唱法饰演杨白劳一角，特借我演歌剧《白毛女》作为纪念延安文艺座谈会讲话发表

1955 年春回国，有缘在鼓浪屿结识颜宝玲学长，她推荐我报考上音。遂有缘于 1959 年开始在高先生班上上课，几年后时逢颜宝玲学姐来沪，高老师建议去照相馆拍照留念。如今，影中三人，只留下自己孤单漂泊人海。2017 年年底，缘分突至，展开和高老师日夜对话；我决定再见两位之前，定将此书公诸于世。以慰高老师、颜师姐在天之灵

40 周年。公演长达一个多月。我正常学习上课时间被打乱，高先生就安排去她家给我补课。

一天，一位外地来的小伙子，扛着行李找到高先生家里，据说是什么文工团介绍来请高老师听一听。我上课暂停。小伙子唱得不错，高先生提了一些意见，小伙子还要回到火车站转车赶路。高先生看他样子问："还没有吃饭吧？"小伙子回答连早饭也没有吃，高先生马上下厨房给他煮了一大碗面。小伙子狼吞虎咽，千恩万谢，走了。高老师连他名字都没记住。

2004 年 10 月，应钱苑之托，特地赴加州采访高老师。有 5 天时间和老师相处。发现，老师的小冰箱里总有一些面包片和剩菜。原来敬老院饭堂早餐分量太大，老师经常分开两份，一份当中饭。我在的那些日子，都是餐馆就餐，吃不完的食物，拿回来老师也都干净地包好，留下来第二餐吃，有的隔了两三天还没吃也不舍得扔掉。这是在美国呀。使我不禁想起 1962 年，高老师孩子多，粮食紧张的上海给无名青年煮一大碗面的往事。

老师一辈子，都是这样对自己很节省，对别人却是那么宽厚。到老，在国外也没改这习惯。

当年我每次从香港回上海工作，都带一些精致的巧克力给老师。多年后，才有同学告诉我，高老师有一盒精装的进口巧克力糖放在钢琴旁，如果谁上课令高老师满意，就奖励一粒精装巧克力。啊，原来我孝敬老师的

糖，都给这些同学吃了，可能连她的孩子们也吃不到。（这件事是很多年后，在多伦多听说的，我心里有一些嘀咕。可这就是高老师！）

还有一件事：大学一年级，我曾经和一位指挥系萧同学商量搞歌剧《岳飞》。时隔经年，我从香港赴上海杭州一带办事，看见一则旧报纸广告：上海歌剧院在杭州演出舞剧《岳飞》，作曲者不详。我猜想这可能和萧同学有关。但听说当时萧同学关在歌剧院牛棚里。我知道他家在4×4号乌鲁木齐路北；就在我下榻的静安宾馆对面，但我是香港来客，不敢贸然拜访。在那敏感的年代，我在上海最信得过人只有高老师，只有向高老师打听萧同学的情况。高老师立刻去了回来说：萧同学“牛棚”问题尚待解决，但可内控使用，不能用真名公开演出。人已经从牛棚放回家了，行动也基本恢复自由。

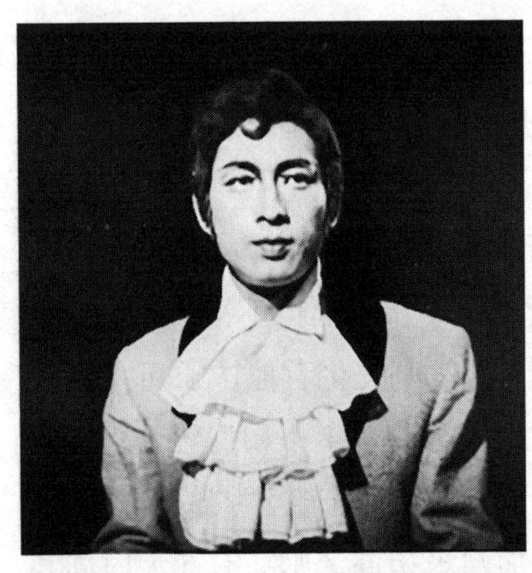
1963年上海音乐学院排演柴可夫斯基歌剧《奥涅金》

我知道和萧同学见面不大会有麻烦，遂放下一切工作拉他到宾馆关起房门四天四夜，再畅谈10年前的话题：歌剧《岳飞》。原来当年歌剧院继舞剧《小刀会》之后，寻找新舞剧题材，萧同学遂根据《岳飞》歌剧音乐素材原来记忆架构，改为舞剧。

这次接触之后，萧同学又将歌剧《岳飞》由哈尔滨歌剧院推出，岳飞一角由谢绍增老师的学生吴培文主演。后来，我去北京公干，又有缘分在北京碰到袁晨野视唱岳飞，总算听到了“仰天长啸”咏叹调。辗转多年，此剧终于能在上海歌剧院演出歌剧。

1972年开始，上海乐团搞交响乐革命样板戏《智取威虎山》，我演唱“李勇奇”。在京剧里，这个角色属“黑头”，唱腔一开口就是“a”，唱了两年多，于会泳老师决定给我降低一个音，但我声带已经长了小结。我噤声期间去看望高老师，连说话声音都沙哑，高老师望着我，不住地摇头叹息。

我说：“组织培养了我，这就算为艺术做出贡献牺牲吧？”

《智取威虎山》剧照

高老师说："不是为艺术，是一种实验，再好的嗓子也不能这样折腾。"

手术后1974年出国之前，向老师告别。高老师很关心地说："好好休养，你会恢复的，出去之后，唱适合你的曲目吧。"

敬爱的高老师：在上海20年，您是我最崇敬的老师，肝胆相照，最知己朋友！

程振华简介

1955年秋，考进上音附中，先后师从李志曙教授和张仁清教授。1959年升本科，1964年毕业。跟随高芝兰教授上课5年。本科毕业后免试录取全国第一届声乐研究生，留校3年。1967年分配至上海乐团任独唱演员、声乐教师。1974年冬移居香港，任教浸会大学，香港音专。其间与香港管弦乐团圣乐团合作，陈亮声指挥演出《贝多芬第九交响曲》任独唱。香港市政局主办演出歌剧精华，《茶花女》《奥涅金》以及多场独唱音乐会。与香港圣乐团、小交响乐团合作，严良堃指挥录制黄自《长恨歌》CD，担纲独唱朗诵部分。1989年移民加拿大。2013年获加拿大移民部劳工部联合颁发多元文化工作奖。2017年获北美最大敬老机构颐康基金会"金心奖"（奖励多年来对加拿大多元文化事业做出贡献长者）。

李宗天（朝鲜族）

上海肇家浜路，印象深刻。大学三年级下半学期，我曾在这条马路高老师家门口，溜达十几天。期盼见到高老师。一天，门终于打开了。非常紧张情况之下唱给高老师听。唱完之后战战兢兢等着老师决定收不收我这学入歧途的学生。

听完了，老师凝视片刻："怎么弄成这个样子？"

我："……"不敢说话。老师接着说："乐感，声音也不错，我收你啦！"从老师家里出来，我高兴地一路狂喊跑回学校。

前几年，学习有问题。原来老师和几位同学资助我到南京找专科医生就诊。查出来患"陈旧性声带小结"，当即做了手术。最后一个学年转到高老师班上课我有了可喜进步。高老师也很高兴。我这才尝到学习顺利的美好滋味。但，我就要毕业了。连礼拜天老师都到学校南大楼给我加课，而有一次我却迟到了，进课室见老师端坐等我说："宗天，我毕竟比你妈妈大吧，一位老太太星期天一大早骑车赶来给你上课，却要等你这么久，你忍心吗？不能这样呀……"

我无地自容。这几句话在耳边回响至今35年。从而我学会要更好尊重别人。

老师除了给我加课，鼓励我，为了唱一个合适调，我的乐理又不好，高老师甚至用几个晚上帮我手抄谱子移调。高老师如此厚重大恩，我何以报答？毕业后在延边，我担任演唱工作，教学也满有成绩，生活很愉快。这一切都是高老师给我的，永生不忘。

李宗天简介

1979—1984年攻读上海音乐学院本科，最后一年师从高芝兰教授。毕业后任职延边广播艺术团，延边大学艺术学院教学。

赵文英

我认识高先生是在1980年，听了她的独唱音乐会之后，就确定要跟随高先生学唱歌。第二年，我从民族班转考进本科后的5年里，师徒二人犹如母女。我处处得到老师的恩惠。我广东人，初到上海不知道怎样过冬。天开始冷了，老师把她的中式棉袄脱下来给我穿上。有演出就让我穿她的演出服上台。有说不完的生活上对我无微不至的照顾。

在学习上，我知道老师严格要求每个人，我就每次学习演唱会必唱，而且尽量让老师感到满意。

我深刻感觉到老师待人热情、真挚、正直、坦荡，疾恶如仇，性格鲜明。我很崇拜老师，尽力学习老师一样做人，多年来在精神上和老师形同一人。

1991年，当知道老师退休要去美国，心里很舍不下。还没有离开就期盼着和老师重聚那一天。我替老师办好了去加州的机票，离别那一天，高老师坚持不要多人送机。最后只有我一人送老师到虹桥机场。看到这张虹桥机场告别照片，非常感慨的是，她手提行李就是那一张金唱片；它承载了上海，老师幼年合家欢乐的地方，安葬父母亲人的故土，音乐先辈美育传统遗留的上音，同仁相聚音乐寻梦之乡，教育百千学子耕耘不辍的课堂，草木馨芳两岸的黄浦江……老师朴素又辉煌的一生，都涵括在这张金唱片里带走了。

想不到，虹桥机场竟是永别……听说老师离开了这个世界，好些日子，我尝到失魂落魄孤单之苦。

老师，来生我一定还要再做您的学生。再也不和您分离。

赵文英简介

1979—1986 年上音本科毕业后就职上海歌剧院。独唱演员，并担任舞台监督。并曾在全国各大剧院监督和导演工作。参与创作了近 50 部歌剧、话剧、舞剧、音乐剧等制作。

陈光辉

来上音之前我已经是哈尔滨歌剧院工作 9 年的歌唱演员。干修班第二年转高老师班上课。

高先生非但自己演唱达到很高水平，在教学上也十分严谨。她一生对于歌唱艺术执着追求完美的精神，掌握曲目范围之广，发声理念的清晰，深入浅出的引导；是我在合唱指挥教学工作方面贯穿始终的追求方向，受益匪浅。

她为人耿直认真，低调又平易近人，为大家拥戴，人缘很好。工作中，任何情况下，都会以积极态度应对，这些对我后来成长影响深刻。

我深深爱她，怀念她。

陈光辉简介

1984—1987 年干修班。国家一级指挥，任世界合唱理事会理事、世界华人合唱联合会副主席、深圳市合唱协会主席等职务。

乔　平

高教授教学的严格，耐心细腻的教学方法，独特清晰的美声观念，激励我第二学年力争转到了高教授班上。高教授说我有一流的声音，但又有较重的广东口音，她非常耐心地纠正我的口音出声的部位。由于语言进步，声音的位置提高了，我的歌唱更美了。

1985年高芝兰带汪燕燕来到广州，曾到我家做客，不失时机地帮她上课，作声乐赛前热身。高教授还教我和我的太太蒸“三黄鸡”，配上莲子、红枣、糯米。给赛前的汪燕燕补充体能，接下来汪燕燕在第12届巴西国际声乐比赛一举获得三项最高国际奖“三黄鸡”对上“三项最高国际奖”，非常巧合，但还真神。高教授真是用心良苦。

1995年，我和我太太画家苏家芳，接受美国蒙特利市长现任美国国会议员赵美心的邀请，在洛杉矶同时举办独唱音乐会和苏家芳画展。我们专程探望了刚好也住在洛杉矶的高芝兰教授，她感到很欣慰。并再三叮嘱我当了团长千万不要丢了歌唱专业，我铭记高教授教导。退休后，还能从事歌唱和教学。并在北京音乐厅、广州星海音乐厅、广州大剧院开独唱会。

感谢恩师高芝兰教授。我们永远怀念您。

乔平简介

1985—1987年干部进修班，师从高芝兰教授。毕业后担任广州乐团独唱演员，后任副团长，兼合唱团长，交响乐团副团长。目前在美国洛杉矶从事歌唱及教学。

丁华丽

入学之前，早有所闻高先生对待功课是极为严格到近乎苛刻。我生性不怕困难，也确实努力对待高先生给我的功课。就这样，第一年总算顺当地度过。心中窃喜，“高先生并不那么可怕呀！”

新学期开始，我原来紧绷的弦

开始有点放松了。先生给的功课是《创世纪》，我就动了心眼儿，反复在唱片室听到能唱，两三天工夫，旋律和德文歌词就基本唱下来了，好省事呀！上课啦，一曲未完高先生叫停。

“丁华丽，告诉我，这曲子你是怎样学会的？”“嗯……听会的。”我感到不对劲了。

“丁华丽，有谱不靠谱！太不严谨啦。乐句，乱呼吸，德文歌词你没逐字逐句学过，靠模仿学发音，你知道在唱什么意思吗？”

听老师震怒一席追问，立即，我羞愧得无处可藏。时过30多年，这番话我记得清清楚楚。尝到了高先生的“严苛”。

说到乱呼吸，想起高先生和我之间还有一件至今我都流泪的事。

我16岁，在团里唱钢琴伴奏“李铁梅”。还往往扮演比自己年长的不同角色。从小感受全团的“宠爱”。那天，课堂上，我的呼吸有一些紊乱，旁听课的人还夸得我飘飘然。他们一走，高先生在一处不该换气而换气的乐句停下来，对着我的横膈膜就是一拳。我毫无准备，打得我胃里翻江倒海。我哪里咽得下这口气，愤然摔门而去……

又到上课时间，我已经非常惭愧地准备好向高先生赔礼道歉，请求原谅。可高先生却先开口了：

“丁华丽，你还好吧？”她顿了顿，“真的很对不起，我出手太重了，请你原谅啊！”

本来准备道歉的我，此刻却慌了。我抬起头，正好和高老师两眼对视，此时先生的眼圈红红的。

“对不起，老师，是我错啦！我知道您是为我好，我不该乱换气，更不该对您那么无礼，还……”我轻声地说。

先生走到我身边，轻轻地拉起我的手：

“丁华丽，你是一块好料子，你们剧院把你选送到我这里，我就要严格认真地打造你、锤炼你，我是恨铁不成钢啊！你晓得哇，希望你能理解我的用心。”高先生说。

不等先生说完，我上前紧紧地拥抱住恩师，任凭感激、愧疚和喜悦的泪珠滚淌……

改行做导演30年了，给歌剧演员分析角色内心感情、台词、形体动作和音乐，都学了高先生的深刻细致，坚持要求。而且，必要时要做示范。有一位刚毕业的主角女高音，试唱时我要求她高音更加收敛一些。这时，她恼火地在琴上弹了个高音对我说："来，你来试试！"顿时，排练场鸦雀无声。她让我想起当年在高老师课堂上我摔门而去。大家停顿片刻，我对钢琴师说从哪一句开始。很轻松地示范唱完。排练场爆出欢呼掌声："漂亮！""棒！"

我走近羞答答望着我的这位女高音。她就是我当年摔门而去的年纪，"对不起，导演，我太没有礼貌！太自负！"她认识到了自己的问题。

我 30 年不曾好好练唱，这时想到的是高先生当年拉起我的手那一刻，我眼圈也红了。

丁华丽简介

1987—1989 年毕业于上海音乐学院干修班。回到原单位辽宁歌剧院任独唱演员。1991 年在中央戏剧学院进修导演专业后，转职导演至今。

张承军

跟高老师上课，功课要很认真。然而也有轻松的时候；就是逢年过节，老师总让我们去她家聚会。这时候，除了老师亲自掌勺，让我们吃上美味菜肴，还和我们一起玩得很带劲儿。兴致来了，她居然来一个双腿劈叉一字开。老师比我们大 30 多岁呀，让我们二三十岁的青年人自问不如。

有一次我兴致上来，来一副对联：

金嗓子金耳朵金唱片，高技艺高情操高芝兰。

横批：德艺双馨。

当时，正是高老师得到金唱片奖之后。

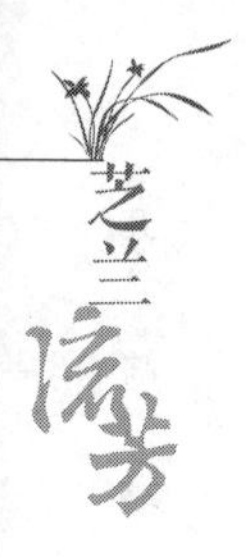

念恩师

我把感恩化作歌声，献给您，无论年迈青春。
我把思念化作诗篇，献给您，无论天涯海角。
我把乡愁化作亲情，献给您，无论今世明生。
我把泪水化作鲜花，献给您，无论春秋冬夏。

张承军

2019年6月8日

张承军简介

男高音，国家一级演员。任教于杭州师范大学声乐系、硕士研究生导师。上海音乐学院专修三年，师从高芝兰教授。

第六章

2014年高芝兰教授追思会上音同仁发言

周小燕

听说高芝兰老师去世的时候，我很难过，我们是几十年的老同事、老朋友。高先生是我们学习的榜样，她为人正直，并且在大小问题上直言不讳，在讨论问题的时候，对的就是对的，错的就是错的，态度鲜明。无论是谁的学生，她都会提中肯的意见，这对我们业务提高是很有帮助的，值得大家学习。

高先生在每一次教学中都会有总结，当时出有一本书，名字我已经不记得了。她很要求进步，也很能吃苦，她什么都能够忍受，任劳任怨。

我认为高先生是一个无论从业务上、政治上都很杰出的老师。她对学生严格又慈蔼。她的离世令人非常难过，对我们系工作来说，是重大的损失。所以当她的学生提出来要纪念她，要开音乐会，我觉得是一个非常好的提议。这也说明了她平时给了学生许多专业上、感情上的帮助，让学生们难以忘却这位伟人。

最后我想说，请她放心，一路走好，她的学生很替她争气，还在传承她的奉献精神，希望她放心、安息。

胡逸文

亲爱的高老师，我多么想念您，我的成就都是源于您 5 年的辛苦培养，这是我成长的关键。您勤勤恳恳全部精力都为了您的学生。

高先生对自己的艺术追求，对各种咏叹调和不同曲目都要求精益求精。在 1962 年演歌剧《游吟诗人》第三幕，您演伯爵夫人，是那么认真努力。我十分感动。

您62岁，还开独唱音乐会，对中国歌曲，非常用心地刻画。如同对外国歌曲，您年轻的时候就用功演唱一样。您是一位非常卓越的女高音。在教学方面，对学生的培养，成绩斐然。孙秀苇、胡晓平、王小红、汪燕燕等都是非常的出色。您一直非常努力增加新曲目的积累，那首新疆民歌《曲蔓地》，是您去新疆招生挖掘出来的歌曲，在您的音乐会里，作为中国歌曲的第一首。《曲蔓地》经过您的处理，太完美了，我把这首歌作为高老师留在我心里最美的旋律，永远记在心里。

在您生命的最后阶段，我无法亲自去看您，而我的学生陈格，在美国就经常去看您。在系里，我们常常怀念您。我一生铭记高老师。您给我终生幸福！

高老师，一路走好，我们一定在天上相会。

王维德

高先生，在您去世前一段时间，我给您的书信、贺卡都没有回信，隔了一年，说您身体不好。后来说您走了。我非常怀念您，怀念当初我们一起相处的日子，我记得两次，一次是去内蒙古招生，您招了好多的学生。那里生活是很艰苦的；我记得，您吃手抓羊肉，那个羊肉是山羊肉，很膻，还是用大蒜炒的，吃完后您马上就吐了，但您强忍着不适坚守岗位。

还有一次，碰到了不顺心的事，您发脾气，但一直克制住，我也为您难过。而您不记仇，您同我一直很坦然相处，推心置腹。很谈得来。我们是同志，好朋友，很难得的友谊。临去美国前，您送了我几本男高音的歌曲集，在上海市是买不到的每当我用这些谱子时，就在想着我们一起工作的情景。

高先生您放心，您的学生都成才了，小一辈都时刻想念您，您好好安息吧。

常受宗

1999年，我到美国去探亲的时候，去看望了高老师。在我的心中，非常尊重她。新中国成立前，贺绿汀院长就非常推崇她。因为办学，贺绿汀院长是就特别重视教师的作用的。我们都是老音专的同学，彼此很了解。

当年我探亲时，高老师住在旧金山，和我不是太远，当我听到高老师住在老人院，我就去看她，记得高老师说，这个老人院在美国是比较有名的，她要住进去，需要排6年的队，因此，我就特地向她表示祝贺。1999年后我回国内后，就一直跟她保持联络，每年通信，互相祝贺新年节日。

2000年之后，我在老年大学学了摄影，每到新年，我就给她寄一些照片。2008年，我拍了一张苏联过去的红场的照片，作为贺卡寄给她。她也回了我一张照片，我感觉非常珍贵，一直留到现在。有一位她的学生赵文英到我家来问我高老师的消息，告诉她高老师刚刚给我寄了贺卡，并把地址告诉她，使得她们恢复了联系。

高老师为人正直，音专师生都知道，贺绿汀院长就非常推崇她，学校里的师生也都十分敬爱她，我们的友谊一直保持至今。

高老师的逝世令我十分难过，我们失去了一个亲人。尽管我不是搞声乐的，高老师的逝世对我们音乐界，对我们时代都是一个重大的损失。

张仁清

高芝兰是我的学姐，年轻时候我就很崇拜她，她唱得很好，是我的榜样。她学习非常严格非常认真。为人正直，非常真诚，有什么讲什么，不会有半点假的东西，看不惯就要讲，这些都是我们的学习榜样。

后来我到音乐学院，虽然碰到时间不多，但是我教学上一直向她学习，她认真地教学，教出来的学生很有水平，像胡晓平，我们国家第一个得奖的，高先生在这方面非常钻研，她说话没有一点虚的，也不会在背后说什么做什么。我认为这是很可贵的品质，很难得。

她去美国的时候，我就很想去看她，因为我在纽约，她在旧金山。我们虽然接触不多，可是感情是很深的。从业务上，为人方面，她都是我学习的榜样。我们大家真的应该向她学习，她真的很可贵。高先生的教学成绩很优秀，我在这方面也是极其崇拜。我记得有一次她演《茶花女》，我只唱几句也站在台上，人家说你唱两三句也站在这里，但是我很开心，因为我觉得跟她一起演出是很光荣的。

高老师离开我们了，我以前一直叫芝兰、芝兰的，现在我也差不多90岁了，我希望您快乐地在天堂唱歌，我们以后还会碰头，您永远是我的学习榜样。可惜我到最后都没去看您一面，如果当年到旧金山去看您一面，我心里就更宽敞一点。

石大林

高芝兰老师是我们系里非常受人尊敬的女高音歌唱家，是一位德高望重的教授。在我们还是学生的时候，她已经是我们声乐系很著名的老师了，虽然我和高老师接触不多，因为我是搞民声的，她是教美声的老师。但留给我印象非常深刻，高芝兰老师是一个非常朴实、不善言表的人，为人非常实在。平时她不会主动和你说些什么。然而，每一句都实实在在。她踏踏实实地把全身心的精力都放在教学上。

高老师在声乐表演上非常勤奋下功夫，是位非常靓丽的歌唱家，尤其是演唱西洋歌剧上，可以说，在中国老一辈教授、歌唱家之中，她做了很多杰出的贡献。所以我觉得这样一位老师，凡是受过她培育的学生，都真得到很大恩惠。也是我们优秀的榜样。起初我是她的学生辈，后来又和她同事，我看得很清楚深刻。后来颁发给她金钟奖终身贡献的荣誉，我认为是非常应该的。

现在，高老师走了，我们声乐系的老师，都非常怀念她。我想这样一位好老师，她的精神一定会成为声乐系优良传统，一代代地传承下去。

高老师走了，我们永远纪念她、学习她！

常留柱

前一段时期，上海音乐学院布告栏里贴出了高芝兰老师逝世的消息，大家看了以后心里非常难受，高先生是我们非常尊敬的老教师。

我记得，1956年文化广场开音乐会，文化广场很大，人也很多；当时高先生参加独唱，她风华正茂，

一出场给人一种真善美的完整感觉，非常稳，唱歌非常线条，大家都很感动。当时我进校不久，觉得有这样一些好的教授教我们，心中是非常开心的。当时，我没有跟高老师直接学过，而且我毕业以后到西藏生活了20年，所以和她接触时间不多。但和同学的接触中知道，高先生教学是非常认真、非常负责的，高先生不但自己唱得好，还教出了很多人才，像现在世界上有名的歌唱家汪燕燕、孙秀苇等，都是得益于高先生的积极培养。

高先生会如此成功，主要是因为高先生本身艺术造诣精益求精，发声技术好，曲目很广。听高先生的唱片，她不光唱很多古典歌曲，她还唱了很多欧美国家的近代歌曲。高先生送我们每人一张她的CD，我反复听，让我受益匪浅，像她唱《托斯卡》《艺术家的生涯》等曲目，都非常好。我认为高先生一生，为我们国家的声乐事业、文化事业、音乐事业做出了十分杰出的贡献，是应该被历史铭记的。

记得在高先生去美国以前，我是系主任，和同事经常去高先生家看望她，她当时对我们很亲切热情。我1980年回来以后，高先生没多久就出国了，临走时见了她一面。但我一直留心高先生在国外的消息，听说高先生还在香港、美国教学生。

我真心希望高先生多活些年岁，再为我国音乐事业做一些贡献。她的逝世对我国音乐事业来说是非常重大的损失。

高先生培养的众多学生们，都是我们的骨干力量、在世界上很有声誉、有很大影响。高先生也可以含笑九泉了。如今我也80岁了，我们应

该学习高先生他们那一批老先生，学习他们的教学和学习态度，他们的敬业精神与对艺术孜孜不倦的追求，我们应该对照高先生他们的贡献来激励自己，把教学工作做得更好。

高先生，一路走好！您的事业我们会继承的！

刘若娥

高芝兰先生是非常有名望的教师，又唱又教。她在艺术上非常严谨，自己不断地录唱片、演出。她在教学上非常严格。她当时送我们一张唱片，外文歌要唱中文翻译，是当时的一个潮流，高老师拼命地练习翻译后的歌词，她很努力，这是她的唱片给我的感觉。

另外，各项运动，她努力地做好自己。如：我们当时在乡下住在同一个生产队，当时号召和农民同吃同住同劳动，就连生活都是两个人睡一张床，很破蚊帐的床，我睡在里面，她在外头。每天起来她都被蚊虫跳蚤咬得很厉害，然我却受到她的庇护。高先生的一切起居都是同学生一样的，从不特殊化。

作为老师，她真的令人敬佩。我对高先生十分尊重，那时候我在附中，她非常关心我的学习。我清楚地记得，不管是不是她班上的学生，她都会很用心。我记得有一次演唱会下来，她很激动地抱住我，很高兴，说我今天唱得好，就应该这么唱，让我深受鼓舞。像还有时候她会跟我说，我的声音在什么时候应该关闭，应该这么唱，都会给我提很多中肯的意见，令我非常怀念，她真是在用心关注培养人才。

对高老师的追思不仅让我想起了高先生的点点滴滴，也让我想起了我们系里很多像父母一样的老教师们，她们都像对自己孩子一样对待学生。我很怀念这些老师。我自己也立志要做一个好老师，铭记传承这些亲切的记忆。今天这一切都是高先生他们老一辈努力奠定的好传统。我们一定要传承下去。

郑 倜

当我听到高先生去世的消息心里非常的难受，很久都不能平静下来。我永远都不能忘记，不能忘怀她对我的培养教育。我是1957年从武汉来的，作为高先生的学子是我这一生的荣幸与福分。

高老师科学严谨的教学理念使我学到演唱的真本领。这些真本领为我在50年的上音教学中打下了坚实的基础。她的高尚的品德更是影响我的一生。我一直怀念着和她一起的日子。尤其是在保加利亚专家给我们排的歌剧片段，我当时还是学生和高先生同台在学校里演出，高先生那时还很年轻，50岁不到风华正茂。我演《尤金·奥涅金》中的塔吉安娜，高先生演《游吟诗人》中的女主角，回想往事历历在目，一切都在眼前，我终生难忘。

高先生晚年去美国定居，她身在国外还是心系学校，非常关心学校的一切，心系我们祖国的音乐教育事业。记得有一次特地回国搞了一个捐赠仪式，把陪伴她几十年用于教学的大钢琴捐赠给了学校，足见她对学校的热爱和关心。我们当时都很感动，在学校老教师圈里引起震动。

在国外她和我们经常通信，问到学校的情况。她给我的信、贺卡，一直保留至今。当她知道我虽然退休，但还在教学带研究生，她非常高兴，她说："收到你的贺卡非常高兴，知道你还在教学，我经常怀念在音乐院和你们在一起的情况，这是我一生最幸福的时候。"她把她在学校和我们这些学生们在一起时光，说是最幸福的时候，也是我至今最最值得怀念的日子。

先生虽然走了，永远留在我的心里，永远留在上音声乐系。上音声乐系50年历史，绝不会忘记这位德高望重、默默奉献了自己一生的老专家老教授的功绩。

她的歌声也永远留在人们的记忆中。愿先生在天堂里快乐。

高芝兰教授逝世一周年纪念活动圆满结束

著名声乐教育家、女高音歌唱家高芝兰教授逝世一周年的纪念活动于4月11日至12日成功举行。4月11日下午在教学楼贵宾室举行了“高芝兰教授追思会”，林在勇书记到会致辞，杨燕迪副院长和高芝兰教授的女儿马小兰女士做了主题发言，高芝兰教授不同时期的学生、同事及声乐歌剧系领导先后在会上发了言，一起追忆了高芝兰教授不平凡的歌唱生涯与呕心沥血教书育人的感人事迹。在追思会上，马小兰女士还将高芝兰教授所荣获的“中国音乐金钟奖终身成就奖”及“上海文艺家终身荣誉奖”的奖杯、奖状捐赠给了学校。

4月12日晚在贺绿汀音乐厅成功举办了“高歌余韵芝兰留香——纪念高芝兰教授音乐会”，上海市老领导胡炜与汪生洪、许舒亚院长、蔡桂其副书记出席了音乐会。高先生的学生胡晓平、孙秀苇、迟立明、李怡萍、张倩、张惠莉，以及特邀嘉宾丁羔、黄滨等先后登台演唱演奏，音乐会在一阵又一阵热烈的掌声中圆满落幕。

2014年4月15日

追思会代表合影

纪念高芝兰教授音乐会现场

第七章

霜月清歌①

——一位女高音歌唱家的咏叙

高芝兰 笔述

钱 苑 编撰

① 编者注：钱苑教授是高芝兰教授直接委托为她写传记的作者，钱苑经多年努力，终未能成书，仅根据高芝兰教授提供的部分资料，以诗歌形式写了高老师事迹的一半。如今本书全文收入，作为此书出版经历的佐证。

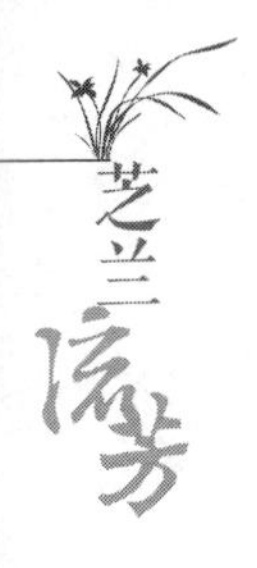

第一节　编撰者前言

岁月不居，时节如流。掠过一幅幅昔日留存的画面，人们没有将这位可敬的音乐老人淡忘。历史的石碑深深地镌刻着她的名字，中国一代女高音歌唱家——高芝兰。

芝和兰本是两种散发出醒人幽香的草本植物，取芝兰之名以象征高洁淡雅的纯真秉性和谦虚待人、平和处世的美好心灵境界。但凡接触过高芝兰先生的同仁、学生、友好、听众，无不对她的高尚人格和声乐造诣怀有钦敬之情。

我与高先生间接或直接往来半个世纪有余，她是长辈，我是后生，她是老师，我是学生，她从事演唱、教学，我研习作曲理论。上海音乐学院校园小，人数少，尽管跨系，师生员工们彼此相识，见面问声好，有时停下来交谈一番。20 世纪 50 年代到 60 年代初，历经多次政治运动和文艺上的论争。但，人们之间的相处除了个别例外，还是比较真诚、和睦的，可说是传统遗风吧。学校组织师生深入生活，向工农兵学习，与贫下中农同吃同住同劳动，到各地劳动、采风、创作演出、实地教学，高先生的身影常在眼前闪动。在校期间也不时观摩高先生出演的歌剧和音乐会独唱，渐渐地看懂了她的为人，听懂了她的歌声，十分敬重她。我对高先生的认知，更深切的是 20 世纪 60 年代初参加学校近现代音乐史研究项目期间，在学校图书馆、上海图书馆、徐家汇藏书楼查阅旧时报章所见到的有关与她 1943 年独唱音乐会、1945 年出演奥芬巴赫、威尔第歌剧主角的新闻和评论，以及历来的音乐会节目单，令我对这位声乐老师更添了一层敬重。

21 世纪之初，音乐研究所院和课题组正筹划总结老一代专家教授艺术成就的系列科研项目，高芝兰专题便是其中之一。

正逢高先生从美国返沪治病访亲，我与她约定具体时间，来到肇嘉浜路枫林桥她的寓所，边听叙述，边做记录，大约两个小时。她很低调，谈了声乐系的教学传统，提及多位颇有成就的同行专家，说她自己不过是教师中的一员，尽心尽责而已。至于她个人的演唱教学生涯，只是简略带过，未做铺叙。这就令我觉得犯难，缺乏翔实的历史陈述，便谈不上写传。考虑到高先生年迈体衰，不便耗时细加询问。请她抵美后来信细述。

大约又过了半年，那是2003年春暖花开的时节，我收到高先生书写的4000字左右的生平简介。按此线索，我在院图书馆泡了一阵，并于2004年秋分别约了她的同事、学生，以及我所熟识的声乐系学友，倾听他们介绍高先生的为人、个性和教学演唱的实情。遂又委托旅居国外的老同学程振华（路禹）先生采访高先生，整理成5万余字的笔录，内容涉猎苏石林的声乐教学和1943年、1945年高先生的演出情景，以及多名在国际声乐大赛获奖学生的训练过程。于是便去信，能否对她的家庭、人生经历和教学经验做更详尽的介绍。2005年4月，恰逢高先生的女儿、钢琴家马小兰在沪，我与她在打浦路一家餐厅聊了一个多小时，谈了她的外公、外婆、阿姨和爸妈的一些家事。2006年5月收到高先生亲笔书写的生平、学习、演唱、教学情况回忆，4000余字，这无疑对我撰写提纲有很大启示。我花了近半年时间，参阅背景资料，并对现有素材加以归纳整理，却因内人与我健康欠佳，这工作只得停顿下来。

2008年年初重又启动工作，拟了一份提纲寄信给高先生，很快收见回信，表示就按这个想法写作，不用着急。其实我是深感愧疚的。高先生年事已高，我这个晚辈既然承担了这个工作，笔头也不算迟钝，理当早已完成初稿，可这件事拖沓的时间实在太久了。此后，一次又一次地书写文稿，愈写愈觉不畅。要完整地展示高先生的人格魅力和艺术风范，内容务须有根有据、有血有肉，照我那样写下去是成不了“传”的。挨到2009年春天过后，我特发奇想，能否用虚实相间的诗歌形式，同时将高先生本人的笔述以及相关史料，照生插入诗行稿页，以弥补诗歌叙事功能的局限，勾勒高芝兰先生的整体形象呢？不妨试试。

取这种形式有两种好处：一是避免了凭既有数据不可能解决的记实象性和连贯性；二是尽管以第一人称的方式表述，由于笔者是我，便可在不悖历史基本事实的前提下，倾注我个人对高先生人生事业的敬慕和赞叹之情，倘有疏误，文责我负。但也有一种缺憾，用诗行讲述发声原理和高先生的歌唱艺术、教学经验以及某些较具体的活动过程，实在显得不伦不类，却又必须用对相关内容做出简略的评述，否则，便失去了本书的写作本意。由于这个难点，致使不少诗段、诗句太过直白平庸，节律无序，文字粗糙，鲜有诗味。

本书以不算诗的诗歌为主线，插入高先生的部分笔述和相关资料照片，最后附有部分摘选的关于她的音乐评论、随笔以及CD《女高音高芝兰歌唱选集》。本人既编又撰，故曰“编撰”。书稿的审定出版幸得洛秦、范进德先生的热情支持和帮助，在此仅表谢忱。我还要对谭冰若、张仁清、陈聆群、倪瑞霖、徐宜、程振华、卞敬祖、陈敏庄、郑倜、刘若娥、欧淑君、赵宪、胡逸文、贾芳等专家、学友给予的可贵协助，致以至诚谢意。高芝兰先生作为本书的第一作者和主人公，以耄耋之年不辞劳累亲自挥笔书写人生经历和艺术经验，为我提供了第一手珍贵数据，从中深受教育，铭感于心。

高芝兰先生最先在荒漠的中国歌剧舞台成功演绎奥芬巴赫、威尔第笔下的安东尼娅、薇奥莱塔。她以雄辩的演唱艺术实践，显示了那个时代中国女高音歌唱家的睿智才华，成为当日乐坛佳话。自1943年之后的半个世纪，尽管文化环境有所局限，她却通过剧场、音乐厅、学校礼堂、农村田埂、建设工地以及国外舞台引吭高歌，倾诉对生活、对艺术、对人类的质朴爱心。她自少年时代起常做着艺术的恬梦，强学博览，读中外文学经典，赏名家歌唱风采，虔诚求师，有学无类，不断积累，勤于实践，渐渐地深化学养，终成一番事业。她诲人不倦、尽人之才，如琢如磨，雕出一块块精美之玉，胡晓平、汪燕燕、迟立明、李怡萍、刘旭峰、张倩以及蜚声国际歌剧舞台的孙秀苇等后起之秀，均曾拜师于她门下。她的歌唱艺术和教学成就为中国声乐事业注入活力，增添熠熠光彩，写下了弥足珍贵的隽永篇章。她是一位为人纯真高洁，专业卓尔超群的人，她的艺术映出她的心，朗如明月，清似水镜。她不受虚言，不听浮术，不采华名，淡泊人生，功遂身退，悠然寓居，虽有些许晚年孤零之感，却性静情逸。她为人低调，不尚自矜，耐得住寂寞，在病弱中仍有秩自我调节。似兰斯馨，如松之盛，穆穆皇皇，令人感佩。

上海音乐学院80多年风雨历程中，有许多值得崇敬缅怀的先辈师长，流传着许多感人肺腑的故事，高芝兰先生这一代中，也不乏杰出同仁。为了提供后来者一面如何做人如何做学问艺术的明镜，笔者怀着敬仰之心，编写了本书的文字。

钱　苑

2014年2月于上海

2004年年初，接受学校立项，拟为老教授出书留念。我选择了高芝兰老师为题。其间，程振华先生（我的老同学）受我委托于2004年5月赴美国采访高先生之后，程先生两度回上海送录音带及文字稿件。此后几年来由于我健康情况每况愈下，大环境变迁，一致此书拖延长达15年之久，至今未能与读者见面。

2017年秋，我又急诊入院，程先生赶来上海探望。鉴于我实在无法完成最后出书工作，只得请程振华先生以高老师班上学生名义，联合高先生班上其他同学，共同努力完成为高先生出书工作。得以使高芝兰教授德艺双馨，光辉事迹昭然于社会。

对我未能完成高先生遗愿所托，深感无奈与愧疚。

钱　苑

2017年9月于上海

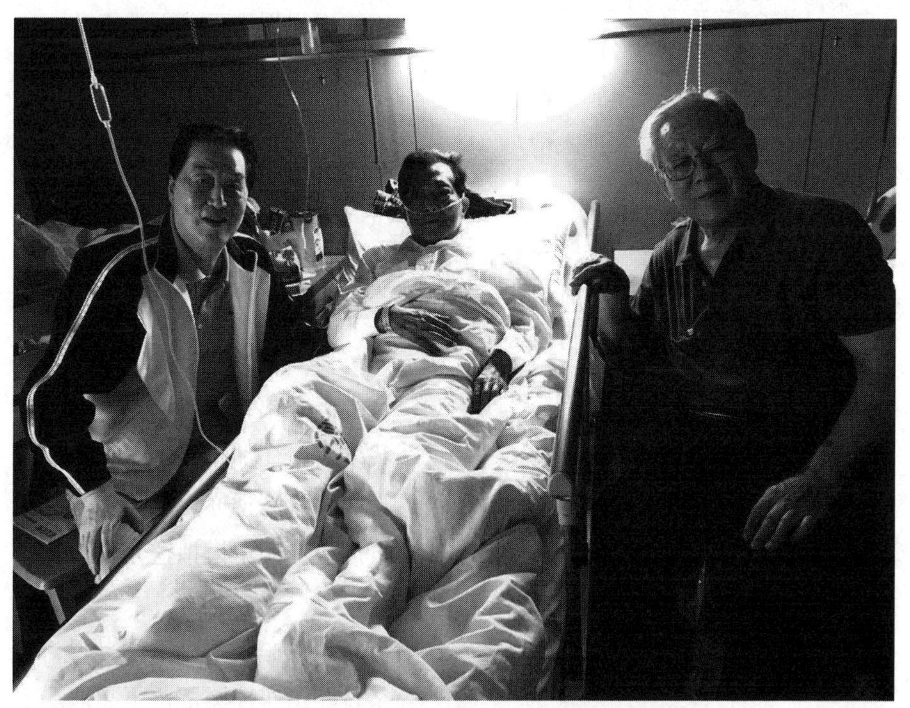

2017年9月14日，由卞敬祖先生陪同，这是我和钱苑在加护病房见最后一面。2019年5月14日钱苑逝世

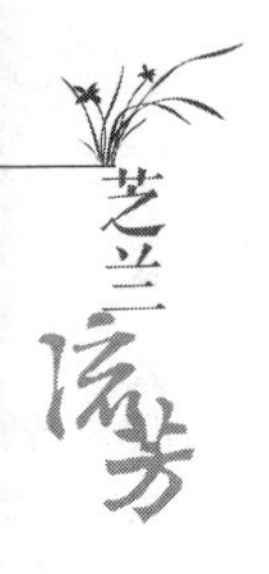

第二节 《霜月清歌》

引言絮语

一、雁声

人们许久许久未见我的身影，
时光渐渐抹去了昔日的印痕。
嗟呼！轻舟随流水东去彼岸，
那壶龙井凉茶已然消弭芳馨。

奈何！毕竟老去悲秋入九旬，
大洋岸天遥地远难得传音信，
君若以为敝人业已乘鹤归西，
此种揣测当可谓是入理入情。

目断万里总难泯一往故园心，
寂寞新诗借托冉冉云间雁声：
你好，林荫汾阳路上的母校，
你好，我放歌的剧院音乐厅！

众里寻她千百度，回头蓦见，
正凭栏远眺天边暮霭的霞练。

二、感喟

有位晚辈学弟不时与我通信，
每每以谦谦的话语向我探询，
腿骨术后料可书写往事回忆，
蹒跚行步是否仍借四轮助棍？

人在海涯万遍阳关吟个不尽，
半窗残月不免触景凝思梦魂，
说我情逸心静当是如此这般，
然冥冥之中又仿佛草木凋零。

有道是，上天造化人的生命，
年年岁岁川流不息更迭衍动，
你看我那幅夏日园中的彩影，
面额的皱纹如同老树的年轮。

试问苍天，明年秋冬知谁健？
感喟嘘唏载不动这多枫树林。

三、公寓

亲爱的学弟，现将近况告知，
我多年寄居加州的一座小镇，
没有摩天高楼亦无聒噪喧腾，
可用桃花源记模拟这儿美景。

当年授课总是单车来回自行，
某日路遭车撞腿部留下裂痕。

年复一年骨质疏松病情加剧，
近年无奈施行手术配了撑棍。

为着免让儿孙太过操劳分心，
独居雅致的古典式公寓养身。
我懂得用毅力体现生存意义，
咬牙忍痛配合医院护理疗程。

同伴是一群颐养天年的老人，
这里荡逸着真诚友爱的气氛。

四、烟云

初夏，曙光未吸干绿茵露珠，
云雀却振翮盘空把清晨唤醒。
我支杖行至亚洲餐厅进早点，
旋返寓所花园默吻自然清风。

静静聆听枝头鸟雀们的歌声，
玩味莲花姿色和菩提的葱茏。
不经意地遐溯孩童时的春天，
却又面对人生的深秋和严冬。

亲爱的学弟，我絮叨了一阵，
尚未答复关涉您初衷的提问。
往事恍若过眼烟云不足回首，
您说那是阿波罗赋予的使命。

哦，多么善意而崇高的托付，
我已听见帕那索斯山的传令。

芝兰之室

五、本我

我只是森林的一株芝兰草本，
不配比拟那馥郁的玫瑰花蕊。
我只是歌者和教师中的一员，
从未获取过月桂环冠的殊荣。

我的人生安分守己平淡无奇，[①]
我的事业演唱教学尽职尽心。
纵为教授，不应与人争高低，
英才乃园丁同仁智慧的结晶。

毋庸丝毫沾沾自喜矜夸其辞，
力求如实将本人的分量掂秤。
我对缪斯女神敬得五体投地，
岂敢以歌直面阿波罗的琴音。

亲爱的学弟，深知您的苦心，
容我以笨拙的罗列叙述生平。

六、孩提

老家钱塘，水流曲曲柳立立，
重湖叠峦，春桃夏荷金秋桂，
游逐画舫，三潭印月九曲弯，
青山外，远烟碧，别有洞天。

生逢军阀割据的一九二二年，
断桥残雪点染缕缕北来硝烟。

① 高芝兰先生于 1922 年 1 月 26 日出生在杭州市的一个职员家庭。

柳浪鲜闻莺啼花港罕见鱼戏，
大雄宝殿的木鱼却咒个不息。

天宇睁开小眼透过朝云雾帘，
望着初生儿懵懂无邪的稚颜。
蒙玉泉眷顾用圣水为我洗礼，
更添白兰项圈艳艳红莲妆点。

父亲为我取名叫芝兰，象征
质朴淡雅平和处世与人为善。

七、父亲

不戚戚于贫贱不汲汲于贵富，
家父少时外出当学徒涉世事，
带着自己的灯火开辟人生路，
孜孜强学力行扎下立命根基。

二十来岁在杭寻得维生职务，
省吃俭用置房娶妻生儿育女。
既非显赫门第亦无万贯家财，
萧条年代，温饱度日甚知足。

父母生育四男三女我数第六，
三位兄长复旦之江先后造就，
大姐伉俪延安北平烽火奔波，
二姐连理攻医学开业办诊所。

弟弟与我最亲近，自幼情笃，
芝兰之室双亲慈蔼子女和睦。

八、迁徙

魂在轻波里依回，我的童年，
萦绕着梦似的霞辉。枝叶中，
风声像是箜篌伴我唱歌学步，
那秋香旋律，总在心地悠悠。[①]

未尝愁的滋味不知炎凉世态，
但因那年头我还是一个小孩。
其实在我学唱乐歌送别之时，
长亭外古道边芳草却在叹欷。

当局治下的金牛湖光景日衰，
父亲失去饭碗举家迁居上海，
谋职南市码头管理处任主管，
慈母将家务辛勤操持妥安排。

我就读于民立女中附属高小，
遂又直升初中度过少年时代。

少年意趣

九、恬梦

关注学生专擅尊重个人所爱，
民立校园氛围教我怡情长才。
无缘数理却遨游书海，陶醉
安徒生伊索格林的流光溢彩。

多少作家诗人领我辨识稷麦，

① 秋香，指黎锦晖作于 1918 年的歌曲《可怜的秋香》。

巴尔扎克、雨果、歌德、席勒、雪莱、
莎氏、仲马父子、夏洛蒂、普希金，
他们将我朦胧心扉悄然启开。

埃林顿公爵的拉格泰姆琴声，
麦克唐纳和艾迪的银幕清音，①
狄安娜·窦平的天籁般神韵，
总在耳际回旋伴我浸入恬梦。

破晓时辰拨开泥土种上谷粒，
艺术甘露滋润但待禾苗放穗。

高芝兰笔述

我家迁居上海后，有机会观看美国电影，对其中的音乐特别感兴趣，尤其激赏珍妮、麦唐纳、纳尔生·艾迪和迪安娜·窦平等明星的演唱，以及爵士音乐家埃林顿“公爵”的高超演奏技巧。有一天父亲带回家一台五灯收音机，他知道我爱听音乐，就把它放在我的房中。每天放学回家做好作业后，就听各个电台播放的古典音乐。那时上海是座国际性文化、经济城市，有中、美、英、法、德各国人士在沪主办的电台，我从中熟悉了京剧、昆曲，熟悉了自巴赫、亨德尔、海登、莫扎特、贝多芬、舒伯特、舒曼到福雷、勃拉姆斯、瓦格纳、马勒、胡戈·沃尔夫的许多作品，爱上了罗西尼、贝里尼、唐尼采第、威尔第、普契尼的歌剧，对大歌唱家、大指挥家的表演艺术钦服不已。

我在中学时期，特别爱读翻译小说，接触到许多作家诗人的名作。小仲马的《茶花女》令我感动得流泪。玛格丽特的悲剧命运自那时起，已深深印刻在我少年的心灵。后来，1945 年我之所以能演好薇奥莱塔这个角色，与我酷爱读书是分不开的。

十、活力

记得威海卫路有家美国电台，
正在举办全市少年歌唱比赛，
我怀娱乐情致走到麦克风前，
随唱一曲引来听众鼓励喝彩。

当年沪上学堂排篮争相组队，
女中尤以务本民立出类拔萃。
我不学那弱风拂柳的林妹妹，
需以运动激发我的生命活力。

我参加了民立女中排球校队，
同学们拼力训练唷汗流浃背。
每逢校际大赛总遇强手务本，
旗鼓相当决胜夺冠亢奋不已。

① Ellington “Duke”，埃林顿“公爵”（1899—1974）美国爵士乐作曲家、钢琴家，绰号“公爵”，指其风格和个性犹如贵族。珍妮·麦克唐纳与艾尔逊·艾迪是 20 世纪 30—40 年代美国影片中红极一时的歌唱明星，素有“荧幕情侣”之称。

日后长期未辍舞台表演实践，
气息充沛幸亏少年体能积累。

十一、耳蜗

父亲某日到家手捧一样东西，
他购回一台新款五灯收音机。
哇！这正是我所渴求的宝物，
禁不住跳呀蹦呀拍呀地狂喜。

它使我的耳蜗成为无限容器，
将我的神经漫伸至广袤天地。
中美英法等数十家电台斗艳，
古今中外音乐戏剧回荡脑际。

莫扎特、贝多芬、威尔弟、普契尼、
舒伯特、李斯特、舒曼、勃拉姆斯，
钢琴交响乐艺术歌曲咏叹调，
经由表演大师更彰人间奇迹。

似灵魂的星座助我瞥见圣界，
如长明的灯塔为我引航标示。

十二、醉迷

我在银幕无线电中醉迷音乐，
傻似琼楼玉宇凝眸繁星皓月。
莎士比亚赞叹人生最大幸福，
乃非神游那音乐苍穹而莫属。

真是铭感五内不知缘出何故，
怎么会痴恋歌声到此等程度。
耳畔滚动交响音波，竟幻想
能否有日展翅于天使的合奏。

其实那时贝尔康托是为何物，[①]
从未听说，就连那小鸟旋腾，
百啼千啭的五线谱也难认读，
觅不见路径，眼前云雾飘浮。

飘呀飘，也许是那天意使然，
高中一年级飘到陆家浜南端。

十三、阿门

考入清心女中这所教会学校[②]，
课程中，背诵圣经铁定主要，
天天早晚需主呀阿门的祷告，
每个学期特邀牧师前来讲道。

学以致用，英语学习务精到，
西国教员讲授得法谆谆善导。
古典文学原作阅读开阔语境，
熠熠明珠将少年的心智照耀。

清心女中也弥漫着人间烟火，
并不委琐于教规的举止辞藻。
走出课堂同学们依样地雀跃，
任凭内心的自我，手舞足蹈。

---

① 贝尔康托，bel canto，即美声歌唱。

② 清新女子中学，由美国传教士范约翰与1861年创办的教会学校。1953年更名为上海市第八女子中学。

更难忘清心给我的音乐熏陶，
不论有无赞美诗的空灵缥缈。

十四、心潮

音乐课的群唱不取单一线条，
高低二部纵横有致和声协调。
我处低声部仍倾听乐音叠合，
那盈柔的音响美感掀我心潮。

哲人感曰：音乐乃上界语言，
我对个中奥秘总是不甚了了。
随着乐感和内心听觉的提高，
遂悟出灵魂沟通渠道的微妙。

一次偶然的娱乐将心门叩敲，
大姐夫妇带我领略乐舞风貌。
憩间姐请乐队伴我英语歌唱，
指挥称道规勉玉石尚需精雕。

我仿佛梦见天国边陲的奇景，
欲穿过云层的缝隙探幽览胜。

高芝兰笔述

自九一八事变之后，日本帝国主义加紧侵华步伐，不断挑起事端，中国人民义愤填膺，掀起一阵又一阵抗日救亡怒潮。我在民立、清心女中读书时就听说音专师生举行多次救亡歌咏活动，我十分钦佩他们，加上我酷爱歌唱，真想到音专寻觅我的人生艺术之路。1937 年，还没有读完高中，我便将自己的想法告诉家父，他尊重我的选择，同意我去报考。

我来到江湾市京路音专校址，那里的校舍、操场已遭日寇轰炸，可见散落的砖瓦，弹片。音专已在八一三事变前几天搬迁到法租界徐家汇路 852 号的私人骨科医院，借作办公、上课之用。骨科医院与战场仅一语之隔，在楼上可见两军对垒和国民党军队节节败退的痛心情景，日寇还向法租界开枪。我正是在这样的战争环境中参加考试的。记得考官有俄籍苏石林教授、留学比利时归来的赵梅伯先生以及留学法国、美国归来的应尚能和周淑安先生。他们的眉宇间仿佛蒙上一层愁云，显得焦虑、疲惫。

我被录取了，那时才 15 岁。同年 10 月 1 日开始正式上课。地点在马思南路 58 号一所三楼的洋房，后来先后借租高恩路 432 号、福履里路 365 号、台拉斯脱路 217 弄 19 号，还有爱文义路 626 号，作为办公、藏书、上课之用。那时的运转艰难维技，真是处在风雨缥缈之中。

音专学生

当时音专的师资力量很强，萧友梅校长聘请了俄国著名钢琴家查哈罗夫教授任钢琴组组长，钢琴教师有拉查雷夫教授、皮利必可娃教授、欧萨可夫教授、柯斯特维支先生，萨哈洛娃小姐等；声乐组由赵梅伯先生任组长兼任合唱指挥，成员有著名俄籍男低音歌唱家苏石林教授，周淑安，舍利凡诺夫人，应尚能等；乐队乐器组由俄籍大提琴家畲夫磋夫教授任组长，教师大多聘自工部局交响乐队，都是外籍。萧友梅校长原来兼任的理论作曲组主任改由李惟宁先生担任。黄自先生曾担任教务主任并教授十余门课程，我入学后上过他的乐曲解剖和音乐领略法课程按现在的名称叫作音乐欣赏课，但他的讲授精到深刻，让学生从中领略音乐作品的情感内涵和形式要素，得益匪浅。陈洪先生从法国带回视唱练耳教材，教学严谨有序，效果十分显著，使我感受到新鲜，有趣，原本需要三年学完的这门课，我用一年时间便攻习完成。我入学后的第一位声乐老师是周淑安先生。她曾经担任声乐组主任，我进校时此职由赵梅伯先生担任。他们还有应尚能先生都兼任合唱指挥。在音专历史上，周淑安是位较有影响的老师。国民政府前往陪都重庆之后，她随夫去了那里，然后我才拜苏石林教授为师。从此开始了严格的科学的声乐训练。

十五、感召

对音乐，总怀有原动的欲念，
更萦绕真善美的神圣的想象。
八一三淞沪战频狼烟翻卷，
我又从上界回归严酷的地上。

上海军民同仇敌忾浴血奋战，
音专师生抗日歌声震天地响。
感召我，告别清心投奔江湾，
为国家为民族追求我的理想。

市京路上的音专呀满目疮痍，
从校舍到操场可见弹片碎瓦，
蔡元培亲植的松树哀婉摇曳。

孤岛中的音专无奈数迁校址，
临时考场对面残垣焦土昏鸦，
所借医院与战地以黑浜为界。

十六、上课

敌机不时地在申城上空盘旋，
考官听我歌唱眉宇透出凄凉。[①]
九月十四日我登上录取名单，
同年翌月新的学年惨淡开张。

① 考官指赵梅伯，应尚能，周淑安等教师。自1937年10月1日起，所有合唱课及各别课正式 开课，最初两周，时间表时有变化。

课室借租马斯南路三层楼间，[①]
黄自先生亲临讲授音乐欣赏。
独到诠释如清泉沁入我心田，
又像驱散了阴霾沐浴着天光。

视唱练耳课程三年方能修毕，
陈洪先生善将学生智力引发，
我仅用一年便实现全程跨越。

马斯南路校舍补行开学典礼，
萧校长勉励众师生力创伟大，[②]
不要悲观，共度这艰难的岁月。

十七、黄自

愿那烂开在碧栏杆下的玫瑰，
不让风雨吹打，游客莫攀摘，
最可珍贵的红颜常好不凋谢，
哀哉，黄先生的祈愿终未遂。

我入学第二年他却长眠沉睡，
伤寒病魔凶残侵袭他的血液，
死神夺走了他的生命和事业，
风华英年斯时仅有三十四岁。[③]

他在人生最闪光的流程奉献，
音专九年留下了辉煌的篇章，
激流涌动的思绪随黄鹤消湮。

夕阳的余晖倏忽埋入了西方，
五月的蓓蕾竟然被凄风吹散，
萧校长嘱咐我致歌倾诉悲肠。[④]

良师益友

十八、丰碑

饕餮的时光焚毁劳顿的凤凰，
呼啸的寒风掀动沉寂的屋檐，
死神窜入辣斐德路体仁医院，
带走我们敬爱的萧友梅校长。[⑤]

灵柩在虹桥路万国公墓安葬，
他筚路蓝缕两袖清风去悄然，
却留下了国立音专这份遗产，
美育之光奕奕真容地久天长。

两年间，黄自蔡元培萧友梅，
相继与凄风苦雨的人寰辞别，

---

① 马思南路（今思南路）58 号的一座 3 层楼洋房。

② 1937 年 10 月 18 日，萧友梅在补行的开学典礼上慷慨陈词“今年 11 月是我们音专建校十周年纪念日，本来要在今年举行一个规模大、较深刻的会来纪念它，但这件事目前自然谈不上了，我们应当再接再厉，有一份可能做一份事业，总之我们不能悲观，我们要建设一个更伟大的音专”。

③ 黄自于 1938 年 5 月 9 日不幸罹患伤寒去世。

④ 师生在国际礼拜堂为黄自先生举行追思会，遵萧友梅校长之嘱，安排高芝兰在现场演唱巴赫－古诺的《圣母颂》。

⑤ 萧友梅因积劳成疾，结核菌侵入肾脏，医治无效，1940 年 12 月 31 日在辣菲德路（今复兴中路）1325 号体仁医院逝世。

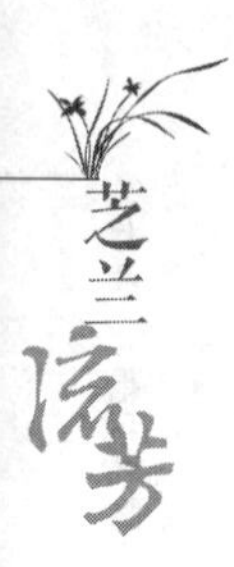

梧桐枝叶随送行人瑟缩低垂。

我们仰望那非人工的纪念碑，
黾勉精进，熬过漆黑的长夜，
以术业成就拭去不尽的泪水。

十九、渴求

密雾在冰冷的石路袅袅腾动，
它遮挡住迷茫中人们的视觉。
希望啊，彷徨者的第二灵魂，①
化作绵延韵律坚韧地朝前越。

当日音专聘纳一批教学中坚，
他们献出艺术生命的热和力，
为新生的崛起不惜披肝沥胆，
用血汗和智慧创造术业佳绩。

造物无言却有情，零落园圃，
默默修点，哺育一株株青苗。
学生演唱会佼佼者声纯如璐，
我多么渴望向他的导师求教。

那位声乐专家来自异国他乡，
曾与大师夏里亚宾同台演唱。

二十、苏师

我所期待的导师名叫苏石林，
任职彼德堡玛林斯基歌剧院，
是位出色的男低音歌唱演员，
俄罗斯歌剧舞台的耀眼明星。

男高音莱米谢夫是他的知音，
他俩在多部歌剧中联袂出演。
某次并肩奔赴中苏东北界边，
慰问建造中东路的苏联工人。

萧友梅久闻其名求贤心急切，
函邀苏石林来国立音专任教，
苏慨然允诺，向其好友辞别。

他手持苏联护照来到了上海，
学校聘得这位大师如获至宝，
声乐学生竞相依附这株青槐。

二十一、名家

这位不知疲倦的声乐传授者，
学校内外弟子盈门排满日程，
外京剧团来沪演出请他上阵，
难忘他扮演的角色梅菲斯特。

古诺的五幕歌剧名为浮士德，
写哲学家与玛格丽特的命运，
恶魔引诱浮士德出卖了灵魂，
梅菲斯特是剧中关键性角色。

善人饰演撒旦，心中唯有艺术，
入木三分的刻画令听众激赏，
不愧为男低音歌唱家之翘楚。

---

① “希望是不幸者的第二灵魂”，出自歌德《生活与性格》。

不远万里投身音专二十余载，
育得桃李遍开学人歌传八方，
50 年代杜鹃声中离别上海。

二十二、期待

我对苏石林教授，总怀抱景慕，
然其门庭若市，一时难以遂意。
周淑安，成为我的第一位导师，
渴望受益，不敢稍有苟且粗疏。

她乃海归人才，曾主持声乐组，
旁涉作曲指挥，诚为多才多艺，
音乐会节目单，常见她的名字，
师生相处中，可感其人文情愫。

我虽有好嗓却需将专业攻克，
求知欲如银涧滚滚直泻金川，
期待周先生领我拾级上层阁。

卡鲁索、吉利、库奇李黎彭斯们，
听你们的歌如饮醍醐般神旋，
我这僬侥啊，抬望那至高天庭！

二十三、业余

在此之前，不知多少优美旋律，
深深地印刻在我少年的脑际，
阿尔迪蒂的“吻”，旋动的圆舞曲，
“夏日最后的玫瑰”，幽思何凄凄！

中外名歌，我生活的亲密伴侣，
人生况味，可在其中悟得真谛。
尽管那时我的歌唱尚属业余，
但我所爱是我乐于爱的东西。

这爱，驱使我跨进音乐的门槛，
接受发声训练，掌握专业技能，
学问从无不学自知，不问自晓。

这爱，鞭策我莫荒废宝贵时间，
勤于听乐读谱，揣摩大师歌声，
更期待的是，周先生给予指导。

二十四、朦胧

周先生时兼中西女中音乐课，
这里的校门为富家千金敞开，
文化氛围却有一番风光气派，
音乐风雅怡情，娱乐自有规格。

周先生常带我前往示范唱歌，
指望凭我天赋嗓音焕光出彩，
吻和玫瑰一类名歌信口哼来，
诱导学生寻觅梦呓中的韩娥？[①]

教学焉可这般样？我本嗓丽质，
乐感内含，却无扎实发声基础，
玉不琢不成器，况是初采璞石！

① 韩娥，据《列子·汤问》记载，为韩国歌手，其歌声“余音绕梁欐，三日不绝”。

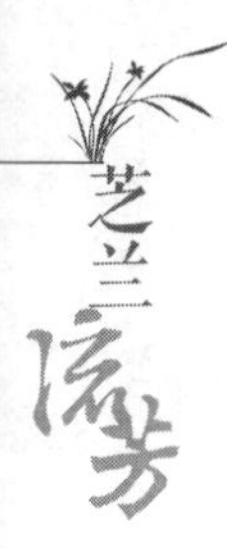

先生她，对我分外地偏爱器重，
以为我的嗓音，已似晶莹秀珠，
而于专业美声却是迷茫朦胧……

二十五、拜师

一年后，国民政府战时设陪都，
周先生随夫远离上海迁山城，
人去室空，专业课堂寻不着主，
暗雨打窗，霎时想到了苏石林。

云气朝着天外而悠然地舒卷，
若灵犀感召，顾不上是否允诺，
在这儿，随他习艺是我的心愿，
需以十分的至诚，请他下定夺。

姐夫陪我来到苏石林的居宅，
登门拜师，恳望不吝赐教传技。
一声沉稳的低音，令我心花开，
好吧，要努力！我对你寄予希冀！

哦，我沐浴到和煦的艺术春光，
起步的歌唱生涯不可再惝恍。

二十六、丹田

苏说，你的声音宛若璞玉浑金，
自有天然美质，未曾琢磨提炼，
本色诚可贵，只是事情的一半，
美的流泽不通则腐，遗失清芬。

古希腊盛行阿夫洛斯的吹音，
那祭神的双管伴着歌队喃喃，
倘无横膈膜的支持不成方圆，
需用气息打开主通道的大门。

中国舜时乐舞，箫伴舞姿妖娆，
箫韶九成凤凰来仪，尽善尽美，
竽箫篪笛管，皆当运气穿空竹。

呼吸原理相通，声乐器乐同道，
丹田之气发声要旨，务须循规，
此论玄奥且又平常，顿觉开豁！

二十七、控制

祥云瑞霭映衬着万谷的银涧，
密密的森林铺洒明亮的月光，
求知的溪流缓缓地绵延向前，
由贝尔康托的神灵引入泉塘。

人类对大自然的空气多迷恋，
像婴儿吸吮乳汁神怡而心旷，
输入体内，不让它轻易地废散，
这是歌唱的本原、动力和滋养。

横膈膜控制和马斯克的运作，[1]
是为美声艺术最重要的基础，
恰如懂得生活的人绝不挥霍。

---

① 马斯克，Mask，指声音需要往前传送，带有靠前的面罩感觉。

足够的贮存，精打细算的支出，
让气息的管道沿途向上运斡，
经由胸腔咽腔高位往前穿透。

二十八、原理

苏石林的教诲展开一面明镜，
让我的声音显形，照见了瑕疵；
他的示范，犹越哥特式的尖顶，
气息经由胸腔直达声门位置。

呼吸时胸腹各部位的肌肉群
自然协调，毋庸局部分割控制。
他的共鸣撼动着听者的心灵，
低中高音区的气息连贯有致。

同时又在起音、声区、音质、音色、
音量、分句、装饰、微颤等诸方面，
生动细致阐释美声科学原理。

言传身教，助我开阔发声视野，
专我所及而及之，学问勤中练，
歌唱艺术辽无垠，需不息勉力。

二十九、美感

旷日持久的练声为磨砺手段，
哪怕你的声音炫得天花乱坠，
将鸟雀的啁啾仿真到了极限，
倘无音调美感教人听觉疲惫。

美的艺术当用思想传给思想，
以真情实感激起听者的共鸣，
呼吸吐纳爆发出灵魂的火光，
声情并茂让音符在歌中苏醒。

艺术歌曲咏叹调的经典曲目，
循序渐进一首又一首地练习，
以美德精细解读谱上的音符，
用智能去彰显音乐家的妙笔。

师长带我用嗓音使艺术增华，
我深知欲博取知识需付代价。

走上舞台

三十、初试

某次，法国文化协会主办演出
海登传世名作清唱剧《创世纪》，
我有幸参与女高音独唱演绎，
苏石林的学生登台初出茅庐。

庄严雄闳的音乐托着我的歌，
美声的流泽融入花园的清芬，[①]
听众用心耳膜拜着音的峥嵘，
天使瞬间化为云雀、苍鹰、白鸽……

唱吧，莫要无谓耗去青春时光，
练吧，恒定着铁杵磨针的能耐，

① 花园，指法国公园，即今复兴公园。

舞台不愿接纳无知的梦想家。

在电台、唱片中聆听大师歌唱，
去剧院感受现场表演的精彩，
钻研曲目，弥补处理上的缝罅。

三十一、自强

求知的路并非黄浦江畔漫步，
游游逛逛欣赏那外滩的夜景。
试想黄河船夫逆风划桨苦行，
要历经多少惊涛暗礁的险阻。

获取世上任何学问皆无坦途，
攻习声乐的人对此刻骨铭心。
发声、语言、听觉、乐感学理精深，
生理、心理、艺术、人文融会相辅。

上海，国际化都市，它似海绵般
吸纳来自欧陆苏俄杰出人才，
音专毕业，我曾求教多位乐贤。

苏石林依然给予我潜心指点，[①]
同时攻习语言，里德歌剧博采，
自强不息，舞台开端倾注血汗。

三十二、专场

以贞淑的容姿步入艺术舞台，
用流动的歌声倾洒人文琼浆。
我自忘我，如春水潺潺尽咏怀，
缪斯的神力赋予灵感和想象。

这是我的第一次独唱音乐会，[②]
兰心剧场的主角，那羞怯少女
似乎隐隐然溢出谦卑的智慧，
身心的鼓荡演进着玲玲音律。

对年方二十一的恋歌者而言，
乃是苍苍白光中朝艺术人生
做一次探寻，日后路程更漫远，
尽管中外报章给予勉进嘉评。

技术不运用，如农夫但耘不播，
纵有大抱负，轻实践终成蹉跎。

三十三、乐趣

机缘为何总是待我这般缱绻，
她知道我的名字，爱我的歌唱，
不时投出慧眼，张臂将我招唤，
于是，我接二连三在舞台亮相。
那时上海市府有个交响乐团，
常邀我担纲音乐会上的独唱，

① 高芝兰于1942年从音专毕业，继续随苏石林深造。同时向来自德国的钢琴家Margolinsky学习舒伯特、舒曼、勃拉姆斯、理查·德施特劳斯、马勒、胡戈·沃尔夫等音乐家的艺术歌曲；向歌剧排练指导Schonbach学习《波希米亚人》《蝴蝶夫人》《浮士德》等整部歌剧；向多次给予其演唱以好评 的上海法文报乐评家Grobois借谱，请教法国艺术歌曲语音、风格要领。

② 1943年春，高芝兰在兰新剧场举行了第一次个人音乐会。

剧院礼堂，还有兆丰法国公园，①
不知多少中外曲目，驾翼飞扬。
指挥家司娄斯基借助苏石林，②
节目单上的女高音患病缺席，
迫在眉睫，诚邀佼者上台应局。
苏师嘱我将咏叹调硬啃沉吟，③
第三日合乐演出后掌声奋激，
为公众，我心灵充溢无限乐趣。

三十四、歌剧

曲径通幽，艺园一带水榭凉亭，
人生去若朝露晞，不枉此春时。
应俄罗斯歌剧团的竭诚约请，
主演奥芬巴赫霍夫曼的故事。④

剧中安东尼娅那银铃般嗓音，
应和诗人霍夫曼琴声诉情思。
魔鬼巫医明知姑娘肺结核缠身，
念咒蛊惑她唱个不停到垂死。

安东尼娅倒在霍夫曼的怀里，
诗神垂怜，哀叹这世间的诡谲，
浪漫的梦魂，最终被毒雾湮灭。

轻歌剧的帷幕徐徐拉拢关闭，
聚光映射演员，雷鸣掌声不迭，
如潮的赞词，难使我醉倒如泥。

高芝兰笔述

1943年高芝兰在兰心剧院举行第一次独唱音乐会。

1943年我21岁时在兰心剧院举行我的第一次音乐会，获得中、英、法、德、俄各语种报刊好评。此后，工部局交响乐队频繁邀我参加各类音乐会独唱。记得有一次，乐队指挥司娄斯基非常焦急地找苏石林先生，请他帮忙请一位歌唱演员紧急顶替原定上台的女高音，她生病了。苏石林即刻告知我去接受这项演出任务。我演唱的是马斯涅歌剧《领袖》（*Le Cid*）中女主角茜曼娜的咏叹调 *Pleurez! Pleurez, mes yeux!* 我从未演唱过这首咏叹调，可是情况紧急，我便立即找到乐谱，理解歌剧内容并抓紧背诵歌词和音乐，第二天到指挥家住处，请他指点并提出要求，同他在钢琴上合乐。第三天上午与乐队合乐，下午参加音乐会正式演出。这次解危救急令指挥和乐队演奏者都十分高兴。同时也给了我更多的演出机会。1945

---

① 兆丰公园，即今中山公园。

② 司娄斯基，Slotsky，时任上海市政府工部局乐队指挥。

③ 咏叹调，指马斯涅四幕十场歌剧《领袖》（“Le Cid”，又译“勇士”）中女主人公茜曼娜的咏叹调：“Pleurez! Pleurez, mes yeux!”

④ 1945年春，俄罗斯歌剧团与市政府交响乐队联袂推出奥芬巴赫的三幕轻歌剧《霍夫曼的故事》，特邀高芝兰演出女高音安东尼娅一角，大获成功。

年春，上海俄罗斯歌剧团拟公演奥芬巴赫的轻歌剧《霍夫曼的故事》，邀请我饰演其中一幕善于歌唱的女主角安东尼娅。她是一个患有严重肺结核病的年轻女孩，正与霍夫曼相恋。医生叮嘱她不能唱歌，但终因禁不住魔鬼巫师的诱惑，在情不自禁的歌唱中死在霍夫曼的怀中。此次演出是我首次作为主角之一步入歌剧舞台。过去我从未受过戏剧表演的训练，由于我爱读著名表演艺术家的传记，又能细心揣摩歌剧演唱的要领，从中得到启示，但凡成功的表演艺术家，都共同强调一个要点，那就是不管你唱什么，表演任何人物，都要把自我个人忘掉，全身心投入戏剧人物的角色中去，唱出剧中人物的感情来。这次演出很成功，上海的各外文报刊都有极好的评论，无形中给了我极大的鼓励。

三十五、领衔

最高境界人物即我，
要让心中的艺术迸发出烈焰。
未经戏剧表演训练，却常研磨
歌唱艺术家的舞台经验之谈。

那次正为安东尼娅素妆淡抹，
剧团主事邀我再次登台领衔，
歌剧茶花女一周后演期急迫，
我毫不犹豫接受严峻的测验。

整台歌剧短短数日必须成型，
此事令苏石林颇觉意外惊讶，
权衡着凭我的底蕴能否胜任。

阳春赐予了酷爱阳春的新人，
雨露洒向那盼望雨露的春芽，
灵感激发起招唤灵感的真情。

三十六、悟她

将自己幽闭在卧室的钢琴前，
三餐之外整日独处我的世界，
请玛格丽特诉说人生的维艰，
听薇奥莱塔吟叹命运的怨嗟。

她以笑眉遮掩着忧伤的泪眼，
洁白的茶花映出酒盏的血色，
厌烦了繁华迁往安谧的田园，
至爱的祈愿却半途惨遭摧折。

烧完了热，窒息了美因缘的魂，
重返巴黎，领受着浮生梦的死，
娉娉婷婷二十初，病绝中凋殒。

落下灰色的幕帘，残叶坠地冥，
那缠绵悱恻的音符随之消逝，
读毕总谱，心头绞出滴滴悲霖……

高芝兰笔述

在演出《霍夫曼的故事》期间，歌剧团团长有一天在后台化妆间问我能否在此剧演出结束一星期后饰演威尔第《茶花女》中女主角薇奥莱塔？原来在《霍夫曼的故事》第一幕中扮演玩偶奥林皮娅的花腔女高音雪尼柯娃在接受《茶花女》女主角之前，漫天要价，十分傲慢，剧团无力支付。团长观看我饰演的安东尼娅，观众反应最好，说："这个年轻人很好，为什么让雪尼柯娃任意抬价呢？"于是找我商量。我毫无顾虑、毫不犹豫地表示同意。此前，我虽曾经表演过该剧的第二幕，但就全剧而言，却是陌生的。那时，我没有演唱《茶花女》全剧的打算，认为按我的嗓音比较适合演唱《蝴蝶夫人》中的巧巧桑和《波西米亚人》中的咪咪，但是当机遇来到时，我又不愿错过。苏石林先生得知这一消息时，不禁大吃一惊，时间那么仓促，况且《茶花女》中的不少唱段，尤其是难度较高的花腔演唱是否能够在这么短的时间内熟练把握，是有困难的。但他同时也了解了我的个性，我对自己要求严格，肯下功夫，认定的事情总会竭力做好，所以他还是让我认真应对，尽力而为吧。

我熟悉小仲马的原著，在为演唱做准备时，人物的命运和精神世界又重新唤起了我的激情。我除了一日三餐，整天关在房间里，坐在琴凳上，背诵总谱上的每一页、每一幕的唱词和音乐，不仅努力熟悉薇奥莱塔的独唱和相关重唱合唱，而且吟诵与剧情相关的所有唱段，把握人物关系发展的脉络。这样，经过4天的刻苦钻研和背啃，第5天与钢琴伴奏合乐进行全剧走台排练，由导演现场指导人物表演和舞台调度，第6天与乐队彩排，第7天正式公演，引起热烈反响，多家报刊给予很高评价。我非常兴奋，自己的能力经受了一次考验，取得了成功。但并不因此沾沾自喜，只是又一次表明了我所坚持的理念："勤奋努力，不畏艰难，用汗水和真情创造角色，才能更上一层楼。"

三十七、茶花

薇奥莱塔哽咽自叹苦涩人生，
亚芒的话锋似刀尖刺伤肺阕，
深深浸溺于怆痛的海水之中，
抒情音调夹着花腔膨裂胸膈。

我不是野草闲花可任人采割，
希冀至爱，这亘古长明的塔灯。
我的生命烛炬黯然熄灭，诀别
为我送行的爱人，随死神隐遁。

整部歌剧四天背唷熟稔融会，
第五日导演指点和钢琴串联，
翌日即与乐队彩排分明经纬。

第七天公演，最后的彩声鼎沸，
接着各语种乐评，见诸于报端，
我却自知，苦习方可笨鸟先飞。

大洋彼岸

三十八、何去

战后的上海依旧是歌舞升平，
浊世的乐园喧嚣着缛管繁弦。
街市的鼓噪令路人障目掩神，
凄厉的爵士为旧朝送终喟叹。

纯美艺术安可坠于污秽之地，
昏昏短见踌躇必致灵感枯竭。
亟待另辟蹊径焕发歌唱热力，
莫负春华时光莫让绿叶凋谢。

我非战士，也不沉湎象牙之塔，
我是学人，苦觅着音乐的食粮。
有限的技术养料怎任其耗罄？
茫茫乐海务需认定罗盘指向。

将第一使命视之为求知高蹈，
不思利禄地追索存意趣晶皎。

三十九、远航

我与胞弟文俊议商日后走向，
二人都面临填补空间的选择。
他攻习圣约翰大学工程专业，
欲往高处增添能量提升智商。

远门深造诸事皆需运筹周详，
分别填写申请投寄彼方审阅。
设法自助以解留学经费匮缺，
试以多场独唱音乐会充羞囊。

文俊在剧场内外多方勤打理，
父亲商界好友分摊若干门票，
出国手续并筹资总算却悒悒。

航船随大洋汹涛颠簸行万里，
故乡夜深沉，旧金山骄阳高照，
元月转抵纽约，时为一九四七。

四十、名校

堂堂帝国战后盛极一派峥嵘，
偌大都市各色人种奔波忙碌。
姐弟俩置身陌生的北美大陆，
企在文化沃土都心术业事功。

昔日多少黑奴戴镣逼做苦工，
牛马生涯辈辈蒙受重重屈辱。
梦幻诸众纷至沓来掏金玩物，
万花世界诱痴想男女心憧憧。

我以至笃的求知目标进名校，
希冀美声学业借此稳步跨越，
茱莉亚音乐院全球声誉昭昭。

弟在哥伦比亚大学潜心深造，
朱音歌浩琴扬境界深美闳约，
双倍的勤勉将原材细刻精雕。

四十一、微瑕

神圣殿堂的白璧难免见微瑕，
艺术审美的内含有美也有丑。
茱莉亚的师资并非尽超一流，
赫赫上音高才亦复参差交叉。

教师上课一味说些勉励的话，
气息流畅声音圆润共鸣清遒。
意在激我好自为之奋力造就，
真不忍领受此等精神教学法。

我毫不自负然具艺术辨别力，
基础稳扎且经历过舞台实践，
本性好务实懒闻悬空的泛议。

课堂是学生专业精进的阶梯，
教师职责在技艺上细加指点，
选曲目因材施教善示范演绎。

四十二、机缘

从寒冬的风雪到炎夏的烈日，
在校博闻约取两学期至八月。
行步绿荫，肩背烘炙缓缓消解，
探询名师，排解苦心境的碇石。

得悉有所音乐院名为曼纳司，[1]
规模小教学严颇享社会盛誉。
音乐家纽森女士，该校玉玦，[2]
设一奖学金名额待招生听试。

众多青年学子争相前往报考，
既减轻经济负担又练真本领，
现场各展其长放声竞相比高。

机缘非神灵所赐却那般凑巧，
我以良好演唱通过考场评审，
获唯一奖学金纽森门下受教。

四十三、纽森

教学至难，当尽人之才有嘉谟，
师生默契，循循善诱激发潜质。
纽森品高识赡，择选曲目敞豁，
不限德奥意法，别开一番景致。

美国西班牙拉美作品同切磋，
新曲新风拂动我的艺术心智。

---

① David Mannes Coleege of Music，以创始人小提琴家、指挥家、音乐教育家 David Mannes 命名，为当时纽约三所音乐名校之一。

② Francis Newsom，名噪乐坛的音乐会歌唱家，时年 40 有余。

影从炫目，幸有园丁引领拾掇，
良师益友，音容刻下终身印象。

潺潺流淌的旋律伴着好时光，
剧院音乐厅览赏大师们的风采，
就像漫步在博雅的文化长栏。

聆听歌唱名家表演深思凝想，
美声不啻音色美，诠释更骋怀，
纽约三年，日往月来修养沛然。

高芝兰笔述

1947年9月起我就读于曼纳司音乐院纽曼女士班上学习。她曾是活跃于乐坛的音乐会歌唱家，我随她学习时，她依然显得年轻漂亮，非常有风度，音乐修养很高，积有大量曲目。我庆幸找到了这样一位品德高尚、造诣深厚的好老师。她也很喜欢我，她为我每次都能很快理解并唱好所布置的曲目高兴异常。她教我演唱许多美国、西班牙、拉丁美洲作曲家的作品，如Villa-Lobos的《巴西的巴赫风格第五号》（为女高音和八支大提琴）的第一首*Aria Cantilena*，我曾听过当时著名巴西女高音、大都会歌剧院演员Bidu Sayao演唱这首歌，甚是喜欢，立即去音乐书店购到曲谱，努力钻研。类似这样一些以往很难涉猎的曲目，让我大开眼界，拓宽了艺术思路。我们常常一起去听音乐会，有次我请她聆听斯义桂先生的独唱音乐会，非常赞赏斯先生的演唱。

我在纽约学习期间听了许多世界著名歌唱家的演唱，如女低音Marian Anderson、擅长瓦格纳歌剧的女高音Kirsten Flagsted、黑人女高音Leontyne Price、男高音Jussi Bjorling、男低音Tito Schipa以及Ezio Pinza等等。我还赏听了Toscanini指挥演出的威尔第歌剧《黎戈莱脱》和大型声乐套曲《安魂曲》，Stokowski指挥的交响乐等。纽约每天都有许多歌剧和各类音乐会演出，音乐院学生享受各种优惠甚至免费，上流社会名人包座的名家音乐会演出票，由于交际繁而不能前往，便赠予音乐院学生享用。对从事音乐专业学习的人来说，不仅要常听音乐会，而且要观赏绘画、雕塑、博物馆展品等各种艺术，这对丰富他们的全面修养极为重要。

四十四、放歌

留美苦研两年获艺术家文凭，
在校园举行个人独唱音乐会。
老校长以八旬高龄亲莅聆听，
贺勉挽留的话语慈父般温粹。

绮丽的兰蕙需葆其鲜艳芳馨，
历练的嗓音勤放歌不失泽沛。

哥大剧场独唱会赢得了好评，
适赛珍珠演讲谋面献歌夔夔。①

应联合国邀请众多场合演出，
所唱作品包含着不同的语种，
力推中国作品总想捷足先头。

在纽约曾与齐尔品夫妇邂逅，②
热议为其音乐展歌翼驾春风，
深憾此后回国匆匆未竟预筹。

追忆夫君

四十五、梦影

芙蓉小苑溯往事，白头苦低垂，
隔叶黄鹂空好音，难载许多情。
玉露凋伤枫树林，忆昔心憔悴，
旧日风景今犹在，流年随梦影。

依稀一九四八年，正学业煜炜
舞台频献歌，又获艺术家文凭。
手捧一束麦穗，但闻美的芳菲，
耳畔萦绕着纯朴明亮的歌声。

歌者未跨过专业声乐的门楣，
特具一副好嗓音，气息甚丰盈。
酷爱美声，曾经求教于斯义桂，
古典音乐涵养显露人文秉性。

时光已过大半世纪数十春秋，
每每在静谧中忆及纽约邂逅。

四十六、知己

他姓马名家骅，沪上素未知遇，
先修交大工业经济管理专业，
后赴美读研在纽约大学深造，
蒙音乐之神将我俩灵犀连接。

没有罗曼蒂克的诗意般絮语，
科学艺术人生的理念且真切。
音乐绘画电影文学侃侃品叙，
乡音知己，徐徐翻开友情扉页。

歌声清风般荡逸于耳际左右
衷曲微波似潜行在心田绿野。
漫步哈德逊河畔相约成俦侣，
银燕比翼，抬望那中天悬明月。

我们怀着对未来事业的憧憬，
愿为科学艺术进步焕发热能。

四十七、返航

经济是人类赖以生存的命脉，
艺术是抚慰心灵的精神教化。

---

① 赛珍珠，本名 Pearl Sydenstricker Buck，1892—1973，美国女作家，享有“中国通”美誉。“赛珍珠”是其模仿清末名妓“赛金花”所取的中文名字。

② Alexander Tcherepnin，俄裔作曲家，1934 年曾在上海举办中国风格钢琴作曲比赛，贺绿汀《牧童短笛》获头奖。

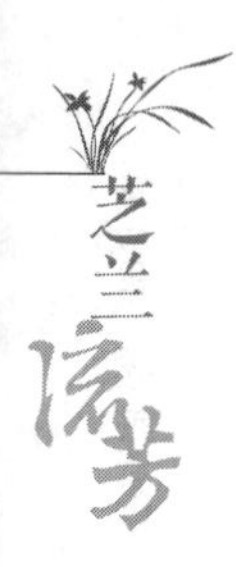

不同学科各有其奉献的舞台，
它在美利坚还是在故乡中华？

战后美国经济发展迅如骏马，
广揽人才接纳八方知识精英。
我俩本可在此绘制未来图画，
但所求却是心中春天的至珍。

我们以赤诚的心和纯真的情，
决意回归息息眷念的浦江畔。
去迎接长夜过后澄莹的黎明，
尽孝道伴两家双亲颐养天年。

航船随万顷碧波行驶大海洋，
远闻春雷和着炮声汇成交响。

四十八、回家

因战事频频外轮难进长江口，
且停泊号称东方明珠的香港。
游览街市港湾约见亲朋好友，
举办简朴的婚礼乃如意成双。

美酒将快乐注入我俩的心间，
在天比翼鸟在地愿为连理枝。
一个家庭的诞生开启了明天，
千里行程风和雨相倚岁寒知。

离港九北行处处胜利的歌声，
蓝蓝的天艳艳的旗绿绿的柳。
回到久违的海上大地正欢腾，
拜父母双亲诉不尽离情别绪。

一九四九年，人们沉浸于喜悦，
也接受了新时代开端的检阅。

四十九、博爱

我们以赤诚的爱国心投身于
建设洪流，家骅任职财经学院，
从事工业经济系的专业教育，
我回到母校授课演唱数十年。

他身为教授系主任才高德尊，
任市人大常委最忌追名逐利。
上下班拒用专车乘公交出行，
守恩信宽厚处世以清俭律己。

他路见不平挺身而出说公道，
校内员工有难每每解囊相帮。
在家教保姆学文化助上鹊桥，
“文革”时买鸡蛋送工人补营养。

不矜位何羡名，公其心不虚作，
家庭琴瑟和谐，父母子女融豁。

五十、伤逝

世路风霜消磨着疲惫的体能，
酷暑烈火穿灼那脆弱的脉搏。
玄鹤云集成黑压压一缕幽灵，
将夫君宝贵的生命无情劫夺。

家骅突发脑出血归仙独西行，
同年九月地底蒸气狂啸喷薄。
我又失去了至亲的胞弟文俊，

心脏病魔将他可贵英年击殁。

一九八三年厄运隔月接踵来，
紫色的火花在冥冥中随魂去，
逝者的音容在朦朦中芳常昭。

无雨亦成泪，自水无波不载哀，
继逝者遗愿，垂范子孙普春秋，
竭我之余生，更开事业告蓝桥。

五十一、要务

自我那年沛然归返母校门槛，
竭诚于本职，自见自是皆不彰。
八名学生四天每人上课两堂，
除去政治学习，余时备课勤练。

火红的50年代，银涧流金川，
人们满怀对生活源泉的渴望，
遵循党的教育文艺罗盘方向，
刻苦改造资产阶级的世界观。

在洗礼中教学，此为同仁要务，
不同声部因材施教对症下药，
有教无类不让学子青春荒芜。

曲目有限，我乃多方采购乐谱，
提供演唱教学必备的原材料，
博取中外精粹随时代趋增补。

五十二、辩证

贺院长带领全院师生唱民歌，
从东北到西南从水乡到高原，
十二律吕汇聚成荡荡的江河，
各民族的音调如同彩练飞旋。

蔡、萧、黄诸前辈倡导中外融合，
传统现代文化精萃皆需贯通。
学理规范基础训练不可偏废，
无谓的谈论毫无价值太空洞。

上音向非脱离社会的象牙塔，
歌声传遍了营地工厂和田头。
下乡劳动风采难忘岁月风华，
师生同心新曲佳作不胫而走。

记得与蔡绍序一曲黄梅清朗，
一次次一幕幕演唱情景难忘。

五十三、赴京

时间在我们的脚下轻轻滑过，
回溯学校事业振兴的奋发期，
虽有天公布下的雾霾和尘浊，
却未能窒息心灵的正常呼吸。

祖国进行曲的歌声远远传播，
苏联今天将我们的明天预示。
强劲的东风其势何等磅礴，
布加勒斯特的青年盛会在即。

蔡绍序在五三年某日捎话语，
文化部筹组大型出演艺术团，
谭院长提议我充实美声布局。

在京选拔百余人接受了荐举，
美声民声京剧乐队合唱可观，
周总理对上海美声“国宝”赞誉。

高芝兰笔述

继1951年柏林第三届世界青年与学生联欢节之后，1953年布加勒斯特第四届联欢节即将举行。一天，蔡绍序先生面带笑容对我说，学校正在研究推荐哪位美声女高音赴京参加中央文化部组织的参加联欢节演出人员的选拔，谭抒真副院长在会上提议由我代表学校参选，书记、院长们采纳了他的意见。不久，我和上海的男中音林俊卿以及上海合唱团部分成员赴京，参加选拔，顺利通过。艺术团团长是周巍峙，副团长李凌，民歌演唱者黄虹、郭兰英，京剧演员叶盛兰、李少春都是顶尖人物。美声演唱仅有林俊卿和我两人。此外尚有管弦乐队、中央乐团和上海合唱团部分演员组成的合唱队、舞蹈队。钢琴独奏是傅聪、周广仁。最后在中南海由周总理观看审查。事后文化部领导传达周总理的审听指示，其中提到“上海的两位演唱者是国家之宝”，这给了我莫大鼓励和鞭策。总理在国外观赏过不少演出，鉴赏力很高，他能对艺术团的表演提出中肯的意见和见解。

那时中国和社会主义国家紧密团结，苏联是老大哥，我们向往着苏联的今天就是中国的明天的美景，不可能料到苏联和东欧解体。毛主席在20世纪50年代针对以美国为首的西方阵营，发出“东风压倒西风”的豪壮语言。事实上我们艺术团赴罗马尼亚途中，曾在莫斯科演出场受到极为友好、热烈的欢迎。接着在布加勒斯特联欢节期间的演出，同样为中国演员献上的中外歌曲，颇具特色的各类歌舞表演令各国青年所乐于接受，场内场外鲜花、掌声汇成欢乐的海洋。德国、波兰闻讯，特地邀请我们到那里的各大城市、分别演出一个月，促进了交流，增加了友谊。那时兄弟国家的朋友们是非常热情、真诚的。

五十四、火光

我很庆幸归国有了用武之地，
教学和演出催促我钻之弥坚。
以歌咏言尽抒人间美好情谊，
田头车间国际舞台引发灵感。

布加勒斯特演出获圆满成功，
又应德波之邀唱遍各大城市。
中外民歌艺术歌曲语音不同，
令人在多彩旋律中心旷神驰。

春残已是风和雨，紫色的火光，

在冥晦中翻腾，夹着烈风迅雷。
砖墙栏板盖满檄文式的纸张，
大会小会声讨着垂头的魑魅。

我不是魍魉也非冲锋的英豪，
忙演出幸未遭遇悲剧性侵扰。

五十五、剑桥

浮云变幻波涛起伏瞬息万千，
眩目地映出往昔岁月的峥嵘。
一边讨论弦张一面外交扬帆，
东西方人们文化交往仍融通。

1950 年我随访英文化代表团，
现在苏格兰探望井下的矿工。
与劳动者坦诚交谈嘘寒问暖，
不再见曼彻斯特回时的荒冢。

在伦敦参观了国际名校剑桥，
受到汉学家李约瑟亲切接待。
工作室珍藏数千册中国图书。

李博士陪同我们考察又指导，
以饶妇别致的语言介绍讲解，
大家风范令一行人无比仰慕。

五十六、依恋

唱着胜利旗帜哗啦啦地飘，
哼着一条小路三套车伏尔加，
和东欧亚洲优美的民间歌谣，
至今回味依然难忘已逝年华。

那个时代的知识分子不贪叨，
一颗颗火热炽烈的心献华夏。
纯真的质朴的理想化的信条，
支撑着我们去经受风吹雨打。

我们油锅欢乐也曾留下遗憾，
业已走过的路总是无怨无悔，
在时光的磨砺中变得更成熟。

我的个性不属于狂热和自恋，
更不会追逐名利将良知逆悖，
用真实的残书写年代的记录。

五十七、炉火

历史有时显得十二分的荒唐，
三大红旗飘进了我们的校园。
夜以继日砸锅卸门炉火焰焰，
元帅升天跃进的指标尽显扬。

土洋红白争论不休难以收场，
但因那时并未有科学发展观。
贺院长慷慨陈书析种种弊端，
天地间的真滋味唯有清者能尝。

好在音专传统的潜流难遏阻，
深入生活艺术实践依样进行，
教师们对基本功教学仍专注。

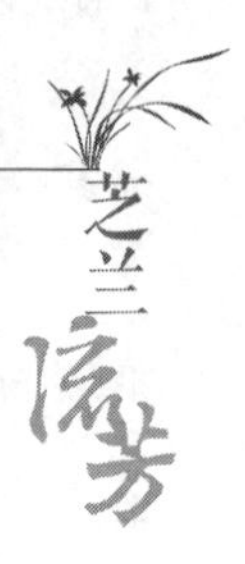

师生面向社会推出多部精品，
苏东专家倾心为乐苑注霖苇葑，
月亮红了星星隐了莫忘此情。

五十八、间奏

生命在于运动艺术重在实践，
我向未希冀置身光明的金海，
却总是不舍远离歌唱的舞台，
不论课室电台剧院还是田间。

难忘保加利亚专家指导排练，
师生合作歌剧片段焕发异彩。
接待贵宾纪念大师每每登台，
不以人造青翠装点我的春天。

1961 年赴广州南宁昆明重庆，
与谭院长吴乐懿邱和西同队，
专业交流当地演出共鸣入神。

录音唱片记下我当年的歌声，
那时留在朦胧记忆中的甘美，
绵延的音调用血管汗腺织成。

五十九、恶行

校园刹那间弥漫混沌的烟雾，
艺术的净土称为污浊的境地。
嘶裂的喇叭鼓动着乌鸦做戏，
撒旦卧躺在楼顶念叨咒符。

艺术家的人格尊严蒙遭玷污，
忠诚之士打入昏暗的樊篱，
学科精英被贴上一层层蛇皮，
屈死的屈魂欲问苍天竟何辜？

喧嚣春秋纵有韵律回荡心田，
无奈隽永音调严禁开怀咏唱，
革命的西皮二黄乃规范曲源。

始作俑者的罪恶最终得以清算，
文化道德的沦丧却不可估量，
音乐教育的创伤即见证一斑。

编者注：钱苑去世之前，委托其爱女钱泥女士电邮给程振华，就出书事宜转达他的意见。详见附录一。

钱苑教授简介

著名音乐学理论研究者、音乐创作评论家、上海音乐学院图书馆原馆长。钱苑教授因病不治于2019年5月14日辞世，享年81岁。

钱苑先生1956年7月考入中央音乐学院华东分院附中高中部学习长笛、钢琴和其他乐器，1959年7月直升上音本科，师从谭冰若先生攻习西方音乐史，同时随钱仁康先生学习音乐作品分析。钱苑先生自20世纪50年代末至21世纪初在历届“上海之春”和各类艺术活动任评委，在电视、电台、《文汇报》、《解放日报》、《人民音乐》等报刊传媒发表大量评介作品、演唱演奏评论和作曲家专论，撰稿并主讲“交响音乐”“歌剧艺术”“中国歌曲”“现代音乐述评”“音乐欣赏入门”等多部电视、广播系列讲座。

钱苑先生长期从事专业音乐理论教学研究，其主讲的:“西方音乐史”、“音乐体裁与风格”、“艺术学原理”、与林华教授合作授课的“歌剧概论”以及为夜大开设的“音乐作品分析”课程等广获好评，深受各专业学生欢迎。钱苑教授曾先后受聘于复旦、同济、交大、华师大、上海大学、财大、外贸、二军大、上戏等本市十余所高校开设“西方音乐史”“音乐体裁形式”“西方现代音乐”课程，被多所高校聘为“兼职教授”“讲座教授”。钱教授是《中国大百科全书·音乐舞蹈卷》编写组成员，曾经与林华合作完成《辞海》1997年修订版全部辞目修订编写。撰有《西方现代音乐流派述评》、《西方音乐史·20世纪部分》（与谭冰若合撰）、《音乐作品分析》（教材）、《西方音乐史教学提纲》、《中国声乐发展轨迹》、《纪念蔡元培院长》（主笔）、《歌剧概论》（与林华合著）、上海文艺出版社两部重点书目《音乐欣赏手册》（与陈学娅、王秦雁联合主编）、《浪漫情诗》（与林华合编）以及《中国歌曲》（为中国国际广播电台音乐教学撰写、主讲电视系列教材）等，音像作品尚有《走进交响乐》、《歌剧，近出低谷》、上海市《中学音乐教材作品选辑》(录音制品并解说)等。

钱苑先生曾任上海音乐学院学报《音乐艺术》编辑部副主任、编委，上海音乐学院校史编委会成员，上海音乐学院现代音乐学会理论组组长，上海音乐家协会理事，音协理论作曲专业委员会理论组组长、周小燕歌剧中心艺术部主任、顾问，中国音协会员，上海交响乐爱好者协会顾问，上海音乐学院学术委员会委员，上音课题评审组成员。曾被上海市教委评为1998年上海市优秀教师。曾任九三学社上音支社主委，第九届上海市政协委员等。

附录一

鸿雁传情

——《芝兰流芳》资料整理20年，各方书信往来

2013 年高老师辞世。2017 年秋，钱苑召我回沪。

我与高老师女儿马小兰于 2018 年取得联系。2019 年 5 月 14 日钱苑去世之前，由他女儿钱泥代笔和我讨论出书事宜。这些来往书信，都刊登在此。

遗憾的是，钱苑写给高老师的信都不见了。

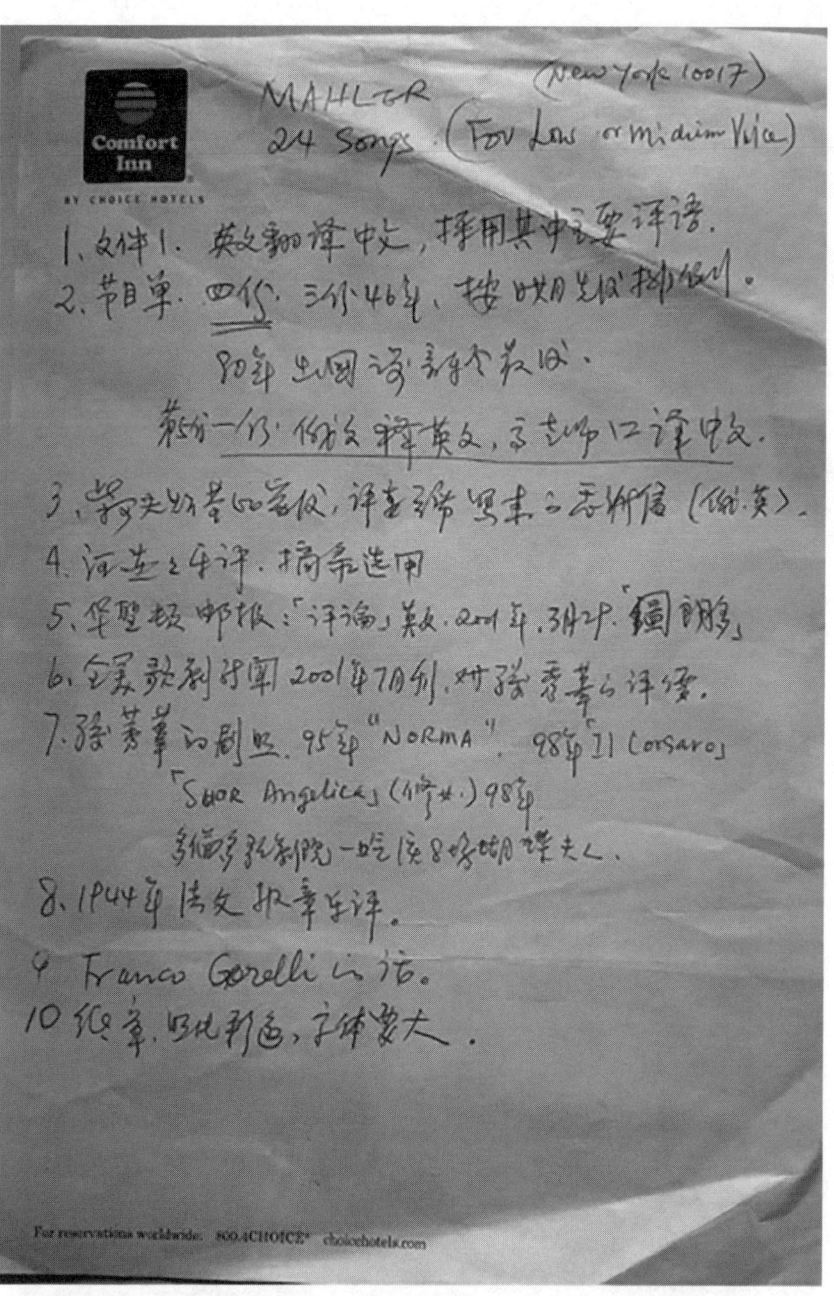

Comfort Inn
BY CHOICE HOTELS

MAHLER (New York 10017)
24 Songs (For Low or Medium Voice)

1、文件1. 英文翻译中文，择用其中主要评语。
2、节目单 四份 三份46年、按时期先后排列。
80年出国[illegible]各大城。
[illegible] 俄文译英文，[illegible]译中文。
3、[illegible]，评论家写来的[illegible]信（俄、英）。
4、评论之乐评，摘录选用
5、华盛顿邮报：「评论」英文，2001年3月2日「[illegible]」
6、全美歌剧年鉴2001年7月刊，对孙秀苇的评价。
7、孙秀苇的剧照，95年"NORMA"，98年「Il Corsaro」
「Suor Angelica」（修女）98年
[illegible]剧院一晚演8场蝴蝶夫人。
8、1944年法文报章乐评。
9 Franco Corelli 的话。
10 [illegible]，字体要大。

For reservations worldwide: 800.4CHOICE® choicehotels.com

程按：我采访高老师，当时住在圣地亚哥 Comfort Inn 酒店。用酒店便签记录下来，高老师把这些文件和照片交给我，让我转交给钱苑。

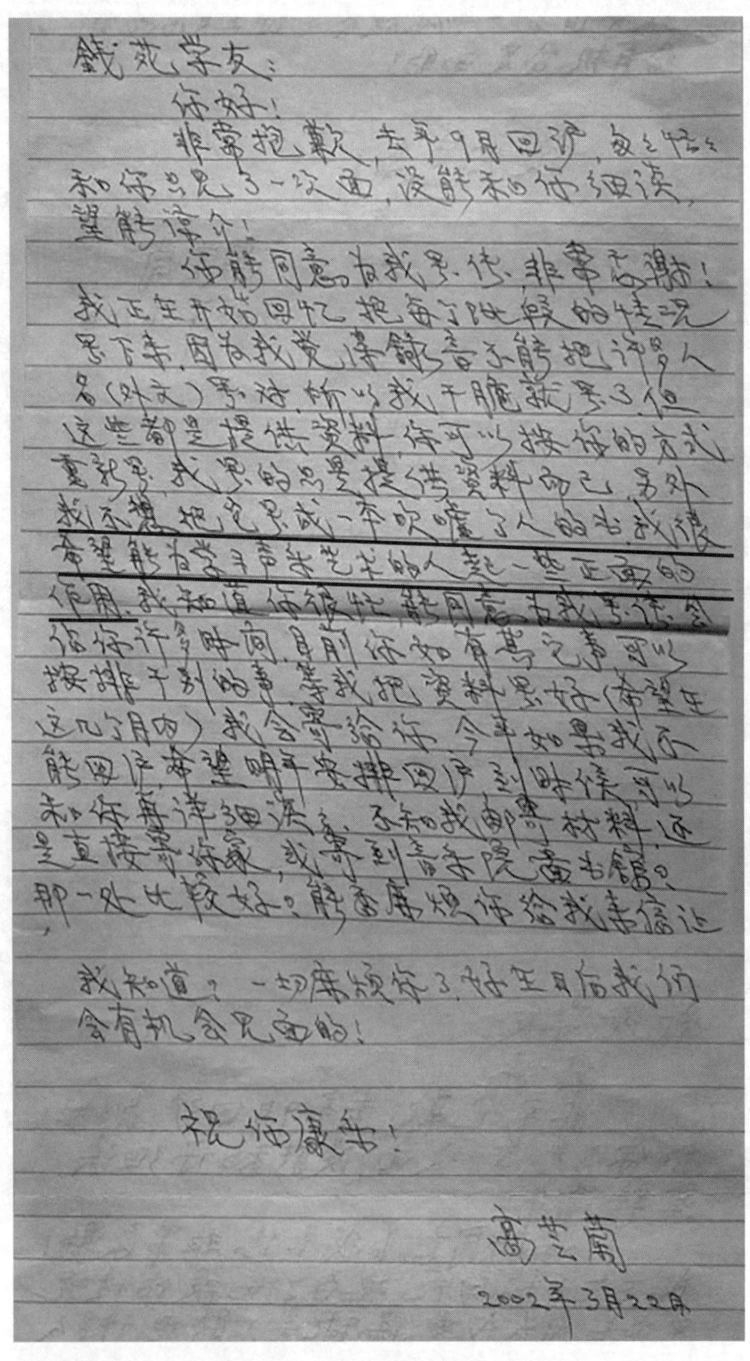

錢苑学友：

你好！

非常抱歉，去年9月回沪，匆匆忙忙和你只见了一次面，没能和你细谈，望能谅解！

你能同意为我写传，非常感谢！我正在开始回忆，把每个阶段的情况写下来，因为我觉得录音不能把许多人名（外文）写对，所以我干脆就写了。但这些都是提供资料，你可以按你的方式重新写，我写的只是提供资料而已。另外我不想把它写成一本吹嘘个人的书，我很希望能为学习声乐艺术的人起一些正面的作用。我知道你很忙，能同意为我写传，会花你许多时间，目前你如有急之事，可以按排于别的事，等我把资料写好（希望在这几个月内）我会寄给你。今年如果我不能回沪，希望明年安排回沪，到时候可以和你再详细谈谈。不知我邮寄材料，还是直接寄你家，或寄到音乐院图书馆，那一处比较好。能否麻烦你给我来信让我知道。一切麻烦你了，好在日后我们会有机会见面的！

祝你康乐！

高芝蘭

2002年3月22日

钱范学友：

你好！你的来信我已收到，谢谢你的关心。目前你手头工作繁忙，不妨先把其它工作先处理好，至于这传记暂时放一下是没问题的。我也很想和你当面好好交谈一番，因过去虽同在学校，但不是一个系，且年令的差距，所以相互之间没接触，能通过交谈，你对我可能有更进一步的了解，这样写传就会更容易些。我想让国内对此疾病能有深的研究，能生产防治的药物，这样才能让国际上往来恢复正常。如果情况好转，明年秋天（9月）我可安排回沪和你相聚，今年我不准备回沪了。徐宜处我已写信给她，让她和你联系。

很感谢你热情答应写我的传记，希望音院能协助出版。

希望我们明秋能见面！

祝你健康，快乐！

高芝兰

5月2日

附上加拿大报纸（世界日报星岛日报）对我学生孙秀苇演歌剧的好评，她在欧美各国经常演出，得到好评。

錢苑学友：

你好！

收到你的来信已好久，很高兴你能同意写我的传记！

人生数十年，不觉一晃而过，到了老年回忆数十年的经历，仍历历在目，不胜感慨！

我上次离沪前曾将一些照片请赵人英转交给你，想你早收到，可能会有一些照片重复，因我前年寄给你的已记不得哪些已给过你，不过也没有关系，可以当给你作为纪念。

这里又附上几张照片，有苏石林56年回莫斯科给的，也有40年代在上海和我的合影，以及我和学生胡晓平及汪燕燕在巴黎和多明哥（著名男高音）的合影。

明年秋天我计划回沪一次，希望和你好好畅谈！希望那时要是时间能多安些，你可以想好一些要和我谈的事情的提纲，很希望书能起一些有益学习的作用。

再次谢谢你，望见面时畅谈！

祝好！

高芝蘭 9月17日

（照片共5张）

钱苑学友：

你好：

久未通信，想必一切都好。

我因近年健康不如以前，动了两次手术（去年10月乳房，今年7月大腿），所幸医生良术，后话都很好。现在用walker（有4个轮子的助行器）帮助走路，我仍然能在生活范围内，自己料理我的生活。

今年10月穆振华来这里，帮助我录音，作为我传记的补充资料，希望能有用。可惜我们过去在校时互相接触机会不多，年岁的差距及专业的不同都是原因，再加上我的性格又不擅长交际，以致给你增加写我的传记的困难，我深表抱歉！

我这人生来就不爱玩，当对自己喜爱的科目（文学艺术外语等）都很专心学习，深得教这些科目的老师欢欣，以后学音乐后，也得到教我主课声乐老师们的爱护，如茅石林老师，及我在美国得到奖学金的Francis Newsom

2

女士甚至在70年代中期（文革后）当海外开始有人来中国访问时，Nessaom女士托人来我们音乐院打听我的消息，我记得当时还由丁善德院长陪同一起接见。

我一生热爱古典音乐，从我的心灵和精神上被这些美好的艺术感染，从中得到乐趣和安慰。我一生重视心灵和精神方面的美德超过世上一切外表物质虚荣的东西。当我看到我学生们的成就时，就感到比任何都欢欣。目前我过去的学生孙秀苇在世界各地演唱（7月份她在La Scala及Verona露天剧场（可容2万多人）演蝴蝶夫人得到很大成功。她演完后给我通电话，当时我的腿动手术后在疗养院休养，我躺在床上和她谈了一小时。我为她高兴！看到世界各地我的学生们的成就，真为她们高兴，是给我最大的安慰。当然在国内各地音乐院中也有许多我过去的学生，她或他们也（校）都在各自岗位上作出许多成就，我同样为他们高兴！

在美国得到奖学金的Francis Nai

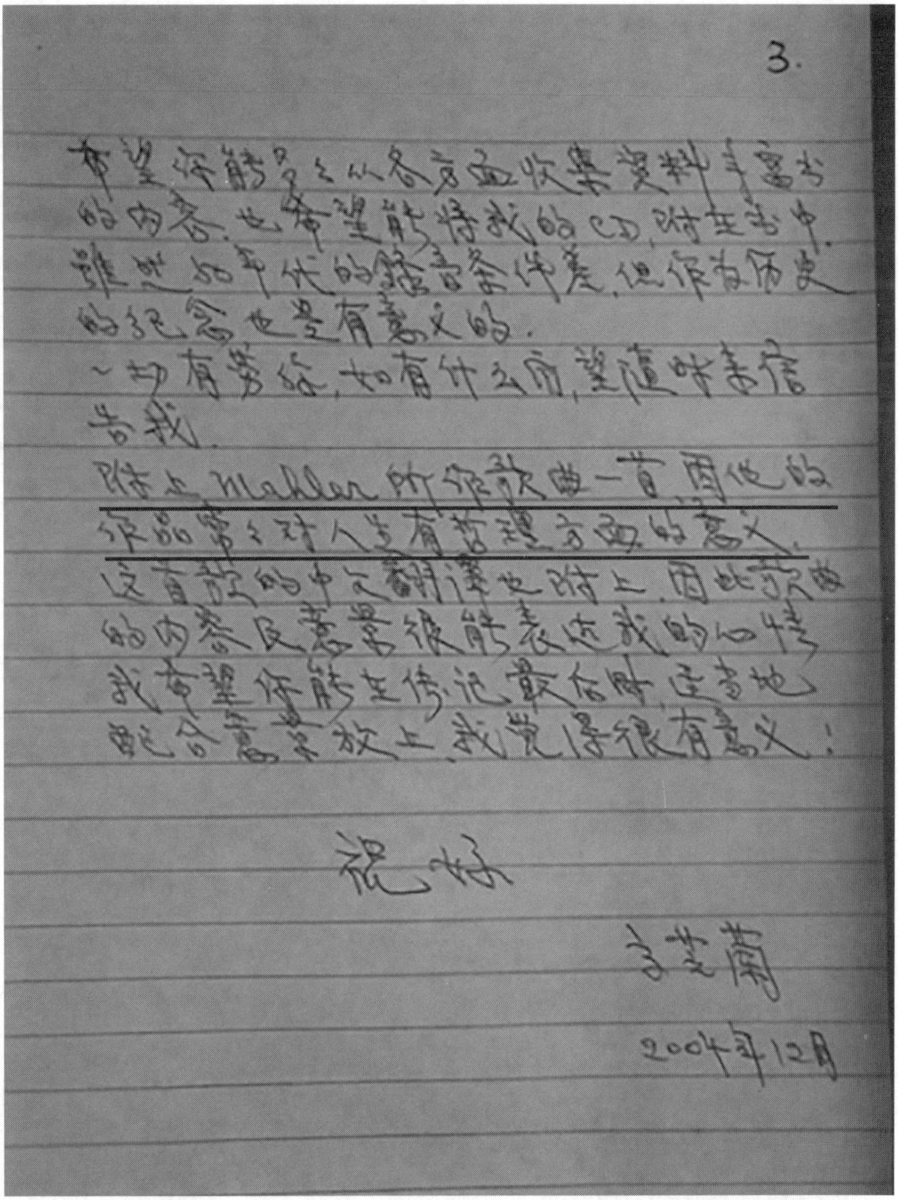

3.

希望你能多多从各方面收集资料丰富书的内容。也希望能将我的CD附在书中。虽然40年代的录音条件差，但作为历史的纪念也是有意义的。

一切有劳你，如有什么问，望随时来信告我。

附上Mahler所作歌曲一首，因他的作品常常对人生有哲理方面的意义，这首歌的中文翻译也附上。因此歌曲的内容及意景很能表达我的心情，我希望你能在传记最后时，适当地配合意景放上，我觉得很有意义！

祝好

李芝兰

2004年12月

钱苑学友：你好！

收到你的来信已好久，谢谢！知道你的新居离我家很近，很高兴！今后如我回沪和你见面就更方便了。

我已把我的传记资料写好，现将文字资料、照片及过去节目单、报纸、评论等一併寄上，请你接用。

我很希望你把书重新安排以你的格式书写，我只是提供事实资料，也可以添加客观资料（如从我的同事和学生处了解情况），但有一点望你能按我提供的资料写，即根据每一个不同年代所体现事实的情况：(1) 解放前，从我开始学音乐成长的情况及演出情况，1937年至1946年国立音专学习及在上海的演出（工部局交响乐队及俄国歌剧团）(2) 1947年1月至1949年11月在美国学习及演出 (3) 1949—1991年回国任教上海音乐学院，53年、57年、65年三次作为中国文化艺术代表团之一赴欧洲各国演出及文化交流，87年、90年、91年应邀赴巴西及莫斯科当国际声乐比赛评委，以及学生多人在国际比赛得奖的成绩。每一个时期都有振华：你好！你的来信已收到，知悉一切情况。

当然由香港市政局主办音乐会邀请孙、胡演出那是最好了。只是不知明年5月，孙是否有其它演出，待我和她联系后再说，晓平是没问题的。其实我也并不在乎举办我学生音乐会的名义，因为同学们学成后，有他们自己辛勤的努力，我只是在他们学习的过程中起了我一份指导的作用而已。你是深知我的为人，不像有些人老要把功劳归于自己，甚至抢别人教好的学生归功于自己，这种争名夺利的行为，常人看得清清楚楚！人生在世一晃就过去，还不如干自己喜爱的事，终身追求美好的艺术，和有同好的朋友或学生交谈心得，享受共同的乐趣，那就更有意义呢！

祝贺你即将要当外公了！今后你是否要常去看望外孙，或是让外公外婆来照顾小外孙，这是一大乐事呢！希望有照片带寄我。混血儿特别漂亮聪明，我有好几位学生的孩子是混血儿，又漂亮又聪明，这是你家一大喜事，值得庆贺一番！

望多保持联系！

祝好

芝兰

钱苑学友：

你好！

我于前天（23日）寄出我的传记材料（包括照片及节目单报纸评论），大约7天左右你可收到，希望你收到后能来信告我。

传记可以你的名义写，可以随意添加客观的材料，我在学校工作40年，许多老领导老同事及老学生都还在，从他们处你也可以了解一些情况。总之，一切由你作主，你认为该加进去就可添加。

我自认为自己一生热爱艺术并且勤奋学习，专心于自己的演唱，对学生的教学都是踏踏实实，一生没有追求名利、权势、金钱。我不会奉承权势领导，当然也会招来一些人的嫉妒，不过我也不争，我做人是有原则的，希望你能理解。

你可以写写，如果完成你的初稿希望我能先读到，如果你有什么问题随时来信告我，希望在你完成前我们能见面，一切有劳你了！

祝你康乐！

[illegible]芝蘭

7月25日

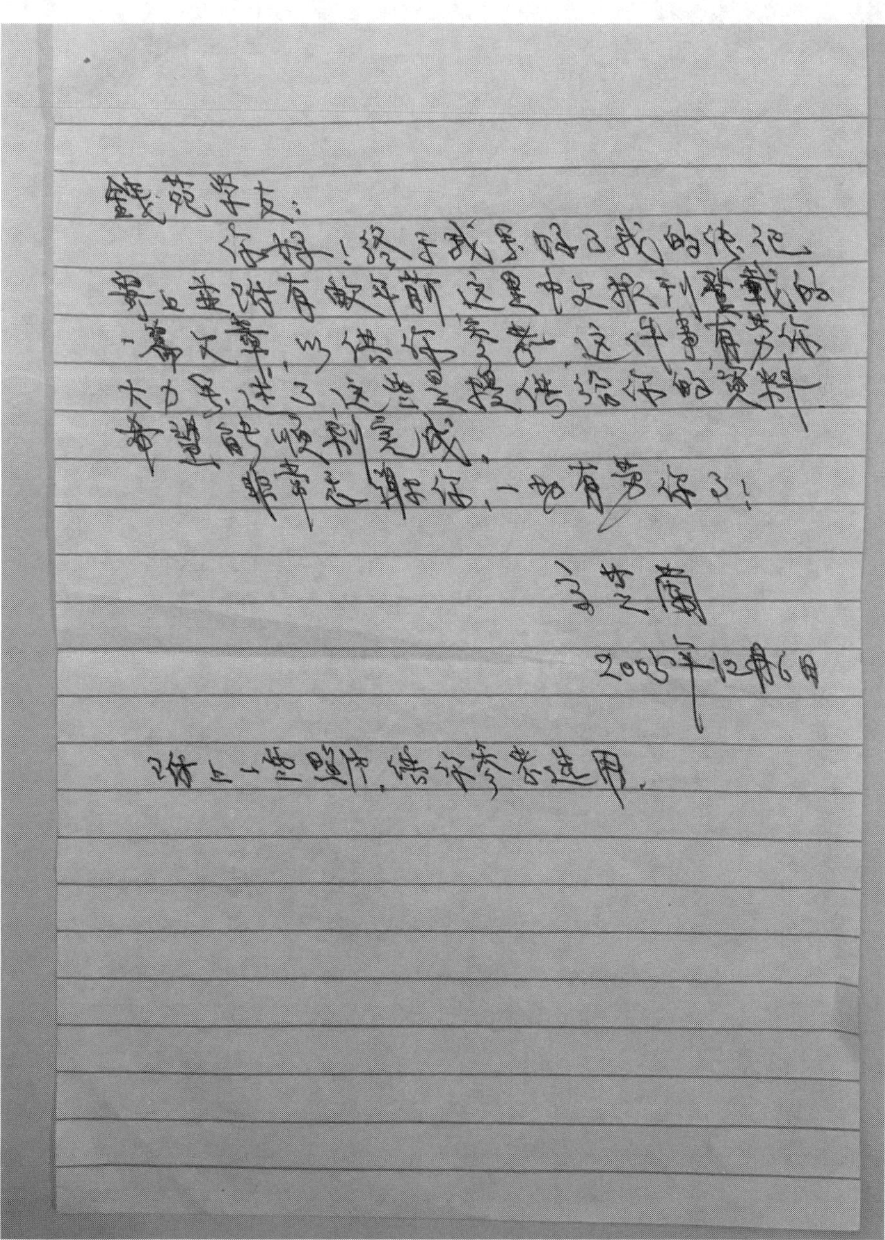

錢苑学友：

你好！终于我写好了我的传记，书上並附有数年前这里中文报刊登载的一篇文章，以供你参考。这件事有劳你大力写述了，这些是提供给你的资料，希望能顺利完成。

非常感谢你，一切有劳你了！

[illegible]芝蘭

2005年12月6日

附上一些照片，供你参考选用。

钱苑学友：

好久未通信，你一切都好吗？学校工作是否繁忙？传记工作是否进行顺利？我时刻在念中！

原打算今年5、6月份回沪以便和你当面细谈，可是最近听说东南亚一带（包括中国）有类似肺炎的传染病，而且一般治肺炎的药无法医治，甚至接触病人的医务人员也被传染，已死亡百余人，所以我暂不考虑回沪，看情况再作安排。我想如果你能想到什么要了解的，请随时记下来，也可以来信向我了解。因为根据目前国际局势情况，也不知时局会发展成怎样，一旦发生战争更不能想像！所以我想暂时用通信方式向我了解你所要知道的情况，因为我们过去不在一个系内，加上年令的差别，所以你不可能了解我的情况。声乐系的徐宜，过去我们在一个教研组，有机会不妨向她了解。总之，我是个不擅奉承领导、吹牛拍马的人，一生只追求在音乐上的完美，无论在我年轻时的演唱以及在教学中，都是真心实意地，努力去追求完美，在我自己的学习过程中也努力刻苦钻研，以期达到作品表达的真实内容。有许多作品我在四五十年代就已在国内演唱，例如：拉赫玛尼诺夫的歌曲，西班牙Manuel de Falla（法雅）的歌曲及歌剧"水仙女"（捷克德伏夏克作品）法国作曲家夏邦蒂埃所作歌剧"Louise"中之咏叹调：Depuis le jour（自从那一天），这首咏叹调我在四十年代时和当时的上海工部局交响乐队（全部是外籍演奏者）演出后，曾得到法文报刊音乐评论的好评。我一生热爱古典音乐，追求精神上的满足甚于物质上的。遇到有才华的学生尽我力量栽培他们，他们的成就给予我幸福感。

拉杂写了一些，望能使你进一步了解我。如有什么想问我，请来信告我。

如有什么音乐书刊或CD你想要，请别客气，可在来信中写下。

一切望能藉通信解决。

祝你全家健康，快乐！

高芝兰

图书馆中是否有我的CD？

前几年我曾给六歌视软十张，送给同事，望能问一下。以后我会送你1张。

钱苑苑：

你好！谢谢你的贺年卡！

有关传记之事，你目前有任务，可以等你完成后再写。有关我过去学生汪燕燕和胡晓平，我想你可在书中提及她们获得国际比赛金奖之事，因为当时正是她们跟我学习歌剧的成绩（是我为她们准备比赛的曲目）。有的学生虽未参加比赛，或获得什么奖，但她们在专业上的成就远远超过她们，如目前在国际上有名的孙秀苇（女高音）2001年在美国肯尼迪中心歌剧院主演"Turandot"，2006年在上海歌剧院主演"蝴蝶夫人"。在瑞士有李欣萍，比利时有毛维钰（男中低音）、潘迎春（女高音），都是那些国家歌剧院的演员，这才是真正的成就！希望你能理解。

附上我近照，送你留念！

Wishing you all the best

as you celebrate Christmas

and the new year!

祝你新年快乐、健康！

高芝兰

2007年1月

錢苑：

你好！收到你的贺年卡并知道你为我写传记的情况，非常感谢你为此化费的心血！

我出身于一般的家庭，父親在旧社会只是做公用局科长级的工作，母親是家庭妇女，共育有七个孩子，四男三女。我从中学时代就爱看外国文学翻译小说，如法国大仲马、小仲马等作家以及俄罗斯文学等。主要是当时上海是租界时代，有许多西方人，特别是俄国10月革命后许多俄罗斯人到上海居住，有了交响乐团和歌剧团。苏石林老师就是列宁格勒歌剧院的，是被当时国立音专聘请教声乐。我考取音专后就跟他学，并是他班上最好的学生。当时交响乐队指挥是 Sloutzky（歌剧指挥也是他），所以有机会和乐队演出，担任独唱，并演歌剧，先是"霍夫曼的故事"（Tales of Hoffman）演安东尼亚，后来就演"茶花女"。在演"安东尼亚"時，因我演唱得很成功，歌剧团负责人就决定让我演下一部的"茶花女"（因为他们和原定的俄籍女高音有纠纷），结果得到更大的成功。主要是我对故事中的人物有深刻的了解（中学时就读过这部书）和同情。我对自己要演唱的作品，总是不断地思考理解，以求能真实地表达人物的内心世界。无论

是歌曲或歌剧，对人物或作品一定要深深
揣摸，以求能做到作品需要表达的内涵。
我想你就按照你所告诉我的去写，我
能补充的也就这些。

感谢你为此付出的精力，祝你
一切顺利，成功！

芝蘭

2007年12月28

钱玄：

你好！这么久来给你写信，请原谅！

这里的节日很多、光节忙过这阵子了！

我把所有我的资料都找出来，现全部寄给你，让你可以全面了解我的情况。

很感谢你为我写书，你可以慢慢地写，别着急。现寄上的资料可供你参考。

很多谢你！

祝你顺利成功！

健康，快乐！

高芝兰

2008年1月21日

很多资料是解放前外文报纸上的评论（44年，45年）收到后请来信告我錢苑老友：

你好！

收到你的信已久，因忙着为这里的中国居民帮忙翻译工作，未能立即复信，请原谅！

你为我写传记，给你添了许多麻烦，我感到很过意不去！如果经济上需要什么帮助，请务必告诉我。我觉得你不必寄我审阅，可直接交出版社出版。

我再次向你道谢，并祝你一切顺利，身体健康，全家幸福！

芝兰

2009年8月

至 2009 年 6 月，高老师期盼已久的传记仍无出版的消息，她甚至告诉钱苑，最后可以不再经她审阅，直接交付出版社出版。

可见高老师对钱苑的充分信任，以及她当时期盼出书的心情。

1980 年 3 月与美国著名女高音歌唱家罗伯塔·彼德斯（Roberta Peters）合影，中间为其母亲

程振华与钱苑最后的通信

钱泥同学转

钱苑老弟：

前不久，见到钱苑老弟与老友餐聚，十分开心。说明他的健康大有进步。继续努力。争取早日康复。

有关为高芝兰教授出书一事，已经开始与出版社联系。书名定为《芝兰流芳》。其中一个章节就是钱苑编撰的《霜月清歌》。59 首 14 行诗歌与前言，一个字没有动。钱老弟是否同意如此刊登。请书面明示（通过钱泥电邮为准）。如果钱老弟要求再次审稿，我可以将原稿以及前言通过电邮尽快奉上。如果同意这样做，钱苑将是此书编者之一。

知道老弟目前暂时不便起床工作，但由于时间紧迫，请钱泥尽量早些转达我的意见，如果钱苑老弟要求稿件修改，请在 2019 年 1 月底之前完成。收到您的回音，即可奉还原稿。

祝康安，带问候维修老同学。

程振华　上

2018 年 12 月 11 日

程伯伯：您好！

以下是爸爸口授的一段话，不必留下：

“转告振华兄，长期以来，振华兄付出巨大心血，耗费大量体力精力财力，以此尽情告慰高先生的在天之灵，也为我深深感佩。由于病患缠身，而将编书出版之事一再拖延，平添诸位重重负担，每每抱憾不已。如今正当不再迟疑果断决定付梓，我亦由衷期待，疏略失误在所难免，就留待日后冷静省思吧。谨祝一切顺利，即颂健康快乐！

“钱苑敬启毋须打印留字。但我的要求即不作为编委入书需振华兄明确答应，否则就不必采用了。我原稿中的后记或引言其实可将文字做大量压缩，我已无力斟酌了，烦劳振华兄把关。我很想念诸位！

“以上内容作为口述记录完整发给振华老兄。

“书名和单篇标题即以你们所拟确定，很好。”

程伯伯，以上是爸爸口述，我听写记录下来，希望按照爸爸要求，答应不把他作为编委。您可以随时和我联系，我会转达给爸爸。

谢谢您，程伯。

钱泥　上

2018 年 12 月 11 日

附录二

国内外媒体报道选录

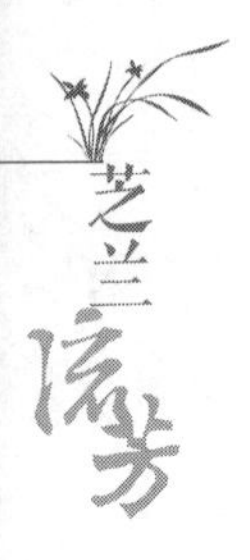

三十而立　一鸣惊人

——访在巴西国际声乐比赛中获三项大奖的汪燕燕

廉秀英

三十而立　一鳴驚人

— 訪在巴西國際聲樂比賽中獲三項大獎的汪燕燕

廉秀英

一曲咏嘆　舉座沸騰

幼慧天成　"愛"生強毅

嚴師慈母　功高如斯

汪燕燕和她的老師高芝蘭。

在今年六月巴西举行的国际声乐比赛中，汪燕燕是位非常引人注目的中国姑娘。她一人赢得全球大奖、歌剧院大奖和Villa-Lobos作品金奖三项最高奖。当里约热内卢市政歌剧院负责人宣布明年将邀请她来这里主演歌剧《蝴蝶夫人》的时候，听众的掌声、欢呼声响彻大厅，整个剧场沸腾了。许多观众拿着鲜花簇拥着她，和她握手、拥抱，请她签字留念。人们说，这比赛还没有一个人拿过这么多的最高奖。

一曲咏叹　举座沸腾

汪燕燕载誉回国，正逢她 30 岁生日，她感到非常幸福。当我请她谈谈比赛感受时，这位性格开朗的姑娘毫不掩饰地对我说："从纽约登上飞往巴西的飞机时，心里就一直很紧张。这几年，我国派出的选手都在国际声乐比赛中获过奖，这次我能不能获奖太没有把握。"这是她第一次参加国际声乐比赛，心情紧张是自然的，特别是强手如林，参加比赛的 54 名选手中百分之八十是女高音，其中有 6 名曾在国际声乐比赛中获过大奖。正式比赛的第一天她的心情难以平静，直到走上舞台看到热情的观众，她的心情才慢慢镇定下来。她演唱完勃拉姆斯的《五月之花》之后，观众席上立刻爆发出"布拉乌汪！"（好极了，汪！）的欢呼声。接着，她把脸转过来，又继续演唱。她想：要让剧场内每个角落的观众都能感到她在为他们歌唱。她顺利地通过第一、二轮比赛。

决赛之前她突然病倒了，嗓子失声，说话困难。这对一个歌唱演员来说实在太残酷了。比赛评委立刻请来了医生，精心为她治疗，朋友们还给她送来了水果和鲜花，主办这届比赛的负责人之一、著名声乐艺术家艾莲娜对汪燕燕更是体贴入微，像慈母一样陪伴着她。艾莲娜说："你一定要好好看病，不要再受凉了。我想凭你的演唱技巧和音乐感，一定会得头奖。"艾连娜十分珍惜人才，她最大的愿望就是从她这里送出去越来越多的青年演员，成为世界著名的歌唱家。汪燕燕虽然病在巴西，但却感到像在自己家里一样温暖。

她的病情稍有好转，就参加了决赛。帷幕拉开，身材修长的汪燕燕一出场，全场观众即报以热烈的掌声，人们称她"具有公主风度，高贵美丽"。她那宽厚甜美的歌声令人着迷，她是在用"心"歌唱。当她唱到莫扎特的歌剧《费加罗的婚礼》中的伯爵夫人的咏叹调"爱情易变"时，她整个身心完全被角色占据，产生了从未有过的灵感，这是她唱得最好的一次。当她演唱维拉·罗伯斯的巴西赫风第五中的咏叹调时，她刚唱完，观众就站起来热烈鼓掌，整个歌剧院沸腾了。汪燕燕一连谢幕 9 次，观众还是不肯离去。一位巴西歌唱家、声乐教授赞扬说："这位中国姑娘的演唱，真使人感到惊奇，我无论如何也不会想象她是在中国学习的。"他幽默地说："这样看来，我们只好到中国留学了。"

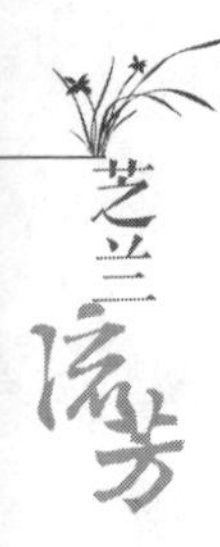

幼慧天成“爱”生强毅

汪燕燕拿到这次比赛的三个大奖以后，她激动得哭了起来。她想到了帮助她攀登声乐艺术高峰的师友们。她曾走过一条不平坦的道路，这中间有她个人顽强的奋斗，也有老师和朋友们的辛勤培养和热情帮助。

汪燕燕从小就想成为一位歌唱家。最了解女儿心思的是妈妈，先给她买了扬琴，后来又买了小提琴和钢琴。9 岁那年，因为她的歌唱得动听，曾被电台请去录制儿童歌曲，向世界儿童播放。她演唱的是一首描写一个美国黑孩子贫困生活的儿童歌曲。汪燕燕唱到伤心的地方，动情地哭起来了，在场的大人也感动得直流眼泪，一位美国朋友拉着她的手，一个劲儿地夸奖说：“你唱得太好了！”当时，她天真地认为自己已经是一位音乐家了。

1970 年，她在中国人民解放军部队文工团担任手风琴伴奏员，但是她太喜欢唱歌了，脑海中常常闪现出美妙的旋律，情不自禁地唱起来。于是她一个人自拉自唱，又是试着谱曲，有几次部队文工团员还为战士演唱了她写的歌曲。

汪燕燕嗓子宽厚洪亮，富有感情。她酷爱声乐，渴望有一天成为一位歌唱演员，演几部世界著名歌剧，为此她用超出常人的毅力，每天勤奋地学习，虚心向声乐专家请教。6 年前，她终于考上了中央乐团，改学声乐，开始了新的艺术生涯。半路改行，这对她来说并不是一件很容易的事情，但这位 24 岁的姑娘并没有被困难吓倒，每天除了参加乐团演出、排练之外，她要利用休息时间学习声乐知识。她感谢富有教学经验的声乐教授韩德章的指教。此外，她还参加各种有关声乐的训练班。意大利著名歌唱家吉诺贝基、美国女高音伊莉萨白·毕小普来华讲学期间，汪燕燕认真地向他们请教。去年，她参加海登《创世纪》演出担任领唱，法国指挥家皮里松对她的演唱给予很高的评价。今年春天，她又一次与皮里松合作，在威尔弟《安魂曲》中担任领唱，获得成功，皮里松说：“我在中国又发现了一位非常有前途的演员。”

严师慈母 功高如斯

1983年，中央乐团送她到上海音乐学院进修，从师高芝兰教授。这位年过六旬的教授曾在我们女高音歌唱家胡晓平身上倾注了十年心血，使她一举成名。她认为汪燕燕是一位很有潜力的歌剧演员。她待汪燕燕既是一位严师，也是一位慈母。在排练难度最大的大型声乐作品威尔弟的《安魂曲》的时候，汪燕燕对作品的风格一时掌握不住，常常急得伏在钢琴上哭起来。高芝兰教授并不放松要求，严厉地对她说："这么好的音乐，你不应该没有信心……一定要把它练好。我相信你会把它唱好的。"为了练好这个曲目，高教授陪着燕燕一个寒假都没有休息，甚至高芝兰失去丈夫的悲痛时刻也没有中断对她的辅导。只要汪燕燕演出，高教授场场必到。演出前她要在后台悄悄地告诉她应该注意的事项，甚至穿什么演出服装，她都要一一过目。她希望汪燕燕在台上要有一个最美好的形象。每次演出完毕，高教授总是急匆匆地走上台，先是祝贺，然后指出她演出时的毛病。在别人安慰她时，高教授却严厉地说："真正的艺术是公正的，重要的是你自己在艺术领域跋涉中到底达到了多么高的水平。"这句话是一服良药，使她立刻冷静下来，决心想着艺术的高峰攀登。汪燕燕由衷地说："我是幸运儿，如果没有高老师和其他老师的热心帮助，我一个人每天再练十个小时，也不会有这么大的进步。我为我的老师感到骄傲，为中国拥有世界第一流水平的声乐教学而自豪，我希望自己还能唱得更好。"

她为歌唱而生

——追忆著名女高音歌唱家高芝兰教授

A Life Devoted to Singing: In Memoriam Gao Zhilan

"在我20多年的歌唱生涯中，让我一生感激，且一直影响着我的人就是高芝兰老师。作为启蒙老师，她给了我一生受用的财富，教会我很多艺术家应该具备的质量，她的博学厚德，她的孜孜不倦，让我从第一堂课开

始就深深地崇拜上了她。”当如今活跃在欧洲歌剧舞台的女高音歌唱家孙秀苇忆起恩师高芝兰教授时，言语间总充满敬意和感激。4 月 12 日，这位为音乐事业奉献终身的老人，带着她一生的纯洁和对艺术的挚爱，在美国加州平静地走完了自己 91 年的人生。

人物 ARTIST PROFILE

她为歌唱而生

——追忆著名女高音歌唱家高芝兰教授　文：李严欢　图：张南柏

A life devoted to singing: *In memoriam* Gao Zhilan

“我的价值在中国”

32 OPERA

“我的价值在中国”

1922 年 1 月，高芝兰先生出生在美丽的西子湖畔，幼年随双亲移居上海。还在读小学时，就显露出对西洋音乐的兴趣。父亲只是普通公务员，却对女儿的爱好很支持，为她买来一台收音机。从此，来自欧洲和美国的音符通过电波传向她的小屋，珍妮·麦当娜、黛安娜·德宾等名家的美妙歌声让她听得如痴如醉，也引领她一步步走向音乐的圣地。

15 岁那年，高芝兰考入国立音乐专科学校，接受系统的音乐教育。虽说当时同学中并不乏嗓音本质比她出色者，但她的声乐专业老师苏石林教授（V.G.Shushilin）显然更看中她那似乎是与生俱来的音乐感，对其悉心指点。擅于动脑的她接受能力很强，又有一股钻劲，有时为了唱好一首歌剧咏叹调，不惜苦练数月。对自己从高从严的要求，让她的演唱在短时间内就有了质的飞越，不仅声音获得了应有的灵活性，音色产生出变化，气息的功夫也加深了。

1943 年，也就是高芝兰踏出校门的第二年，她在兰心大戏院成功举行了首场独唱音乐会，而后便频频在这一舞台亮相，并与工部局交响乐团合作。次年当时上海的俄国歌剧团邀请她饰演奥芬巴赫歌剧《霍夫曼的故事》中的女主角安东尼娅，再获轰动，也为她赢得了在两年间先后饰演威尔第《茶花女》中薇奥莱塔,《弄臣》中的吉尔达，古诺《浮士德》中的玛格丽特，夏庞蒂埃《露易丝》中的露易丝等重要角色的机会。由此她成了最早在多部西洋歌剧中担纲主角的中国歌唱家之一。她那优美且极富弹性的音色，加之因对角色的深入理解而产生出的丰富情感，让公众对她的前途普遍看好，将其誉为“有银铃般动听嗓音的明星”。

正当歌唱事业渐入佳境时，高芝兰却准备赴海外继续深造。她的这一选择让身边很多朋友不解，但却难以动摇。后来她回忆道：“我不能因为此时的得意而忘乎所以得自满起来。世界上还有很多东西是我所不清楚的，趁着年轻，我应该尽快地去学习。”于是她以举行多场独唱音乐会的方式，自筹旅费与学费，几经周折，终于进入了梦寐以求的纽约茱莉亚音乐学院。在那她师从派帕尔（Edith Piper）与泰特（Maggie Teyte）两位名家，之后又获得曼尼斯音乐学院的奖学金，转投纽森（Frances Newsom）教授门下。在美国的学习生活，拓宽了她的眼界，让她得以博采众长，艺术修养渐长。其间，她在哥伦比亚大学的麦克米伦剧院独唱会，人们无不惊讶于这颇为纯正的风格竟出自一位中国歌唱家的演绎。新中国成立后，高芝兰夫妇归国心切，面对师长和好友的挽留，她一如当年出国时那般决然，因为在她心中，自己的价值在中国。

教学相长　辛勤耕耘

回国后高芝兰一直在上海音乐学院任教。学生时代培养起来的一丝不苟的作风，始终与她相随。她从不计较个人得失，甚至面对个别同行长期的刻意打压也坦然置之，将全部精力用在教学和演唱上。面对程度不一的学生，她都一视同仁，因材施教，尽可能多地让他们学有所成。后来，她早期教出的郑倜、吴逸文等人纷纷留在母校，成为声乐教学的中坚力量。

与此同时，各类音乐舞台上依然少不了高芝兰的歌声，1953 年 8 月，她作为中国青年艺术团中的一员，参加在罗马尼亚的布加勒斯特举行的第四届世界青年联欢节，此后还在波兰、东德等地演出，饱受赞誉。20 世纪 60 年代初，她多次参与上海之春的演出。

在这期间，高芝兰还为中国唱片厂录制了多张唱片。其中尤为著名的是与曹鹏先生指挥的上海交响乐团合作的一张《外国歌剧选曲》，后来还得到了首届“中国金唱片奖”。这张十寸慢转唱片共收录她以中文演唱的《托斯卡》《蝴蝶夫人》《波希米亚人》《阿依达》《卡门》《水仙女》《乡村骑士》等 8 部歌剧中的著名咏叹调。这些录音不但向当时的大众普及了西方经典，且真实、全面地反映出她全盛时期的演唱风貌，风格严谨而优美，音色饱满而通透，用情朴实而真切。此外，她演唱的《曲蔓地》《在米纳通卡湖畔》等中外名曲也总能以亲切委婉之声描绘出歌中的意境。如今这已成为她为后世留下的一块艺术瑰宝。

即便在那个特殊的年代，高芝兰对艺术的追求仍忠贞不渝。一次偶然的机会，她听到国棉二十五厂的纺织女工胡晓平的演唱，认为她嗓子先天条件好，不抓紧学就可惜了。于是，这真正的艺术家甘愿在当时冒天下大不韪，把胡晓平领到家中，像当年自己的恩师苏石林一样，从发声方法、语言、风格、情感到对待艺术的艺术态度，对她一“整”便是十年，且分文不取。老师的敬业、严格、善良深深影响着学生。待到云开雾散，胡晓平已成长为一个成熟的歌唱家了。1982 年，她受文化部委派赴布达佩斯参加艾凯尔国际声乐比赛，赛前老师将一袭漂亮的湖蓝色长纱裙送给她，而她也没有辜负高先生的期望，最终在来自 21 个国家的 78 位选手中脱颖而出，荣获大赛唯一的一等奖和特别奖，成为首位在世纪声乐比赛中获一等奖的中国歌唱家。这时，作为老师的高芝兰，又不忘及时提醒她要保持自己的事业心和进取心，把它当作自己的品格。而无论是胡晓平在匈牙利载誉而归，还是后来另一位学生汪燕燕在第 12 届巴西里约热内卢国际声乐比赛获三项最高奖，当别人像高先生道贺时，她总是谦逊地说：“取得这些成绩是学生的努力，我只是尽我的责任而已。”

孜孜不倦 勇攀高峰

在高芝兰先生看来，基本功、声音、练习，这些只是从事声乐艺术比较重要的条件，但还是较容易做到的，而要具有可贵的品德和气质，深邃的艺术见解和完美的艺术，即使努力一辈子也会感到欠缺。正是这样的理念，让她一刻不曾停止学习，不断充实自己，每当有国外专家来华讲学时，她都与学生们坐在一起观摩。即便是"文革"后，已年近六旬且有十余年未登台演唱的她，仍努力克服年龄上的限制，积极地恢复练习，使嗓音保持圆润、优美的特质。1978 年，她再度与上海交响乐团合作，后又应邀在斯义桂先生的讲学音乐会中演唱了舒曼的《妇女的爱情与生活》。1980 年 10 月，她终于再次在上海音乐厅举行了独唱会。此后又分别在 1982 年的"上海之春"音乐节、上音 55 周年校庆及次年的"丁善德作品音乐会"中数次登台演唱，可谓宝刀不老。课堂上的高先生也依然能以漂亮的声音为学生们做出示范，让大家佩服得五体投地。

1980 年，高芝兰先生利用赴美探亲的机会重返母校，还充分汲取新鲜的艺术养料，欣赏了珍妮・贝克、德洛斯・安赫莱斯、玛丽莲・霍恩、卡巴耶・多明戈等当代名家的演唱，他们在声乐艺术上全面的发展，也为她带来很大的启发。回国后，她将所知所感用于教学，再创新的辉煌，培养出汪燕燕、孙秀苇等多位歌唱家。她还两度出任里约热内卢国际声乐比赛的评委。1990 年，俄罗斯柴可夫斯基国际音乐比赛这一世界最高级别的音乐赛事的评委席间也出现了高先生的身影。这些都充分反映出国际声乐界对她艺术成就的肯定与尊重。

20 世纪 90 年代初，高芝兰先生赴美安享晚年。那之后的她虽离开舞台和讲台，渐渐淡出公众视线，却并未被人忘记。继前年荣获中国音乐金钟奖"终身成就奖"后，去年她又被授予"上海文艺家终身荣誉奖"。她的那张《外国歌剧选曲》仍在声乐学习者和爱乐者间流传。而身在老年公寓中的她，也依然心系音乐事业。每当有机会回国与同行团聚时，总会为大家带来国内罕见的乐谱和音像资料。学生前往探望或打去电话，她与他们聊得最多的仍是关于专业的问题。一次，爱徒孙秀苇在电话中和她谈到女高音的中下声区，把她兴奋得直感叹自己老了，不然一定要再试试。当她得知已接连在威尔第国际声乐比赛、多明戈歌剧大赛等七项国际赛事

中获得大奖的孙秀苇将首次亮相华盛顿歌剧院，主演普契尼的《图兰朵》时，竟不顾年高体弱，在别人的陪同下乘飞机到现场坐镇。“那份沉甸甸的爱至今都包围着我，而且会温暖我一生！”孙秀苇动情地说。

（原载《歌剧》2013 年第 6 期）

高芝兰：我从未离开音乐

木　然

www.newstarnet.com

星生活　2003.9.26　第104期　文化品味　A3

高芝蘭：我從未離開音樂

□木然

高先生住在加州的SAN JOSE，那是個很陽光也很溫暖的地方。

決定和高先生做專訪前有些耽心，畢竟是81歲的老人。采訪前一天，我試探性地拿起電話和先生聯係，殊不知先生一聽我的名字就很開心地說：難得你有這份心，我們隨意聊聊好了。先生那把親切隨和的聲音，真如我的長輩，透著關心、理解和歡欣，像SAN JOSE秋日的陽光。

我自小就喜歡音樂

我們家很早就搬到上海，家族裡沒人是搞音樂的，父親是個一般的公務員，家庭條件中等，但他很愛我。記得讀小學那年，他知道我喜歡聽西洋音樂，就特意買了臺「五燈」的交流電收音機放在我房間。那時上海的文化氣氛相當好，收音機裡經常播些法國、德國、美國的音樂，這些音樂很優雅，和我在學校裡學到的像黎錦暉的《可憐的秋香》這樣的曲子不同。我的姐姐知道我喜歡看美國電影，總是想盡辦法帶我去看，我對音樂的喜好就是這樣一點點培養起來的。

第一次參加歌唱比賽是在初中，那時我的英文已相當不錯，從美國電臺聽到歌唱比賽的消息就跑去參加，後來得獎了，獎品是一些糖，我們幾個的孩子都十分滿足。先生說到這裡笑了起來，那種快樂感染著我。

高中一年級那年，有天我對父親說我喜歡音樂，要考音樂專科學校，父親聽了很支持。他是個很開明的人，文化雖不高，但對新事物很接受。先生講到這裡時，聲音裡透著感激和滿足。他知道我唱的是西洋音樂，是古典的東西，而且是穿著晚禮服用外文唱的，就很放心，覺得這是個高尚的事情，所以他很支持我。

我是1937年考進上海國立音樂專科學校聲樂系，這是由教育家蔡元培委託留學歐音樂院」的模式辦起來的，是中國第一所音樂高校。我進去讀書時蕭友梅已是校長。先生講到這裡停頓了少許，我想她大概懷念起故人來了。先生聽我說知道蕭友梅是民國元年國歌(卿雲歌)的作曲者，她有些驚訝而開心地說：這個你都知道。

當年的「上海音專」確實聚集了很多頂級的音樂家，比如從美國回國的黃自，他教我們音樂欣賞，是個人才，課講得很好，可惜他教了我一年就得傷寒病去世了。我還記得追悼會是在美國人辦的上海國際禮拜堂舉行，就在現在的衡山路，學校當時挑選我在追悼會上唱《聖母頌》，可見我的學習成績老師是滿意的。

我對音樂的追求很認真很執著，這也是我在專業上進步很快的原因。舉個例子，剛到學校時，由於我的條件很好，特別是樂感，加上我很用功，所以我的成績很突出。學校有位老師當時在一個中學裡兼教音樂，她常常把我帶去學校作示範演唱，她覺得我是她的光榮，這事情換在別的孩子身上當然會是個很滿足的事情，但我卻很反感，覺得我是來學習的，既然功夫沒學好，到處去唱就很不好，後來這個老師去了重慶，我就很開心，我知道我可以因她的離去再挑選一位好老師。當時我很用心，特別注意學校唱得好的學生，發現他們都是蘇石林（俄裔）老師的學生，這樣我就選擇了跟他學習。蘇石林是是著名男低音，曾經與世界著名的男低音歌唱家夏裡亞賓齊名，他原來在俄國聖彼得堡歌劇院演唱，30年代被蕭友梅校長邀請到中國教授聲樂，1956年回莫斯科音樂學院教書，他的太太是中國人，是我很好的朋友，我在求學的過程中，也和蘇石林成了很好的朋友。

機會來臨我怎麼可能拒絕？

我是1942年畢業的，我在畢業的第二年就舉辦了個人演唱會，現在想起這個音樂會就會想起父親，他不但支持我，還爲我到處推銷演唱會的票，所以那次演唱會很成功。上海當時有個「工部局交響樂隊」很有名，它在每年的夏季舉行露天音樂會，一般是6月至8月，地點會固定在兆豐公園（今中山公園）音樂臺、法國公園（今復興公園）法文協會等地。他們聽了我的演唱會後就邀請我演唱一個法國的歌劇，我在劇中擔任三位女主角中的一位，這是我第一次演歌劇，一位資深的報社評論說：演出最動人的，就是由高芝蘭演唱的角色。這次演出奠定了我的藝術地位。

之後有個演唱《茶花女》的女主角和劇團産生爭執，最後劇團只好換人，他們把劇本拿來要我一週後就演出，我的老師知道後也嚇了一跳，他覺得裡面很多曲目都是很「花腔」的，我從沒唱過，經驗不足怎麼能勝任呢？面對老師的耽心，我只對自己說了句話：當機會來臨我怎麼可能拒絕？我就是憑著這句話，花了6天的時間來準備。我把自己關進房間裡，我對家里人說，除了吃飯，你們別打擾我。

那個星期我完全浸在《茶花女》裡，我坐在鋼琴前從頭到尾地練了四天，還請來了

病，糾正我的發音；到了第五天，我就和鋼琴合，第六天就和樂隊合，第七天演出，結果引起了轟動，很受贊賞。

現在國內的演員能達到這種水平的不多吧？我很不可思議地問先生。

達不到。先生很平靜地回答。本來這不算是奇跡，很多國外的演員都做得到。做藝術這個事情，是要吃苦的，要盡責盡力，由不得半點功利心。我們那時候很單純，風氣也很樸素，不像現在那麼浮躁。

靠『個唱』籌款出國

我想我天生就是喜歡唱歌的人，我對藝術的追求很執著，喜歡唱一些別人沒唱過的歌曲。像有首法國的歌曲，我很喜歡，但苦於沒有譜子，後來通過一位評論家把譜子弄出來了。這位評論家很欣賞我，他在報紙上說每聽我唱一次，都感覺到一種進步，每次都不同。那時唱歌劇的很多是俄國十月革命後流亡出來四、五十歲有經驗的演員，這在當時我是唯一的一個年輕的中國歌劇演員，確實有些與衆不同。

一九四七年我萌生了出國的念頭，那時我正處在藝術生命最盛的巔峰，很多朋友知道我出國學習都竭力勸阻我。然而我有另種想法，覺得自己是學西洋音樂的，我不能因爲此時的得意而忘乎所以自滿起來。世界上還有很多東西是我所不清楚的，趁著年輕，我想該儘快地去學習。那年我從一本音樂雜誌找到兩所大學，一所是在芝加哥的音樂學院，一所就是紐約朱利亞德音樂院，我選擇後者是因爲紐約觀看各種演出的機會多，這個很重要，早年我除了學聲樂，還很注重學曲目，現在的很多年輕演員大概缺乏的就是這種自覺學習的精神。

（下轉B23版）

高先生住在加州的Sunnyvale，那是个很阳光也很温暖的地方。

决定和高先生做专访前有些担心，毕竟是81岁的老人。采访前一天，我试探性地拿起电话和先生联系，殊不知，先生一听我的名字就很开心地说：“难得你有这份心，我们随意聊聊好了。”先生那把亲切随和的声音，真如我的长辈，透着开心、理解和欢欣，像秋日的阳光。

我自小就喜欢音乐

“我们家很早就搬到上海，家族里没有人是搞音乐的，父亲是个一般的公务员，家庭条件中等，但他很爱我。记得读小学那年，他知道我喜欢听西洋音乐，就特意买了台‘五灯’的交流收音机放在我房间，那时上海的文化气氛相当好，收音机里经常播些法国、德国、美国的音乐，这些音乐很优雅，和我在学校里学到的像黎锦晖的《可怜的秋香》这样的曲子不同，我的姐姐知道我喜欢看美国电影，总是想尽办法带我去看，我对音乐的喜好就是这样一点点培养起来的。

“第一次参加歌唱比赛是在初中，那时我的英文已相当不错，从美国电台听到歌唱比赛的消息就跑去参加，后来得奖了，奖品是一些糖，我们获奖的孩子都十分满足。”先生说到这里笑了起来，那种快乐感染着我。

“高中一年级那年，有天我对父亲说我喜欢音乐，要考音乐专科学校，父亲听了很支持。他是个很开明的人，文化虽不高，但对新事物很接受。先生讲到这里时，声音里透着感激和满足。他知道我唱的是西洋音乐，是古典的东西，而且是穿着晚礼服用外文唱的，就很放心，觉得这是个高尚的事情，所以他很支持我。

“我是 1937 年考进上海国立音乐专科学校声乐系的，这是由教育家蔡元培委托留学欧洲的音乐家萧友梅博士参照法国‘国立巴黎音乐院’的模式办起来的，是中国第一所音乐高校。我进去读书时萧友梅已是校长。”先生讲到这里停顿了少许，我想她大概怀念起故人来了。先生听了我说知道萧友梅是民国元年国歌（卿云歌）的作曲者，她有些惊讶而开心地说：“这个你都知道。”

“当年的‘上海音专’确实齐聚了很多顶级的音乐家，比如，从美国回国的黄自，他教我们音乐欣赏，是个人才，课讲得很好，可惜他教了我一年就得伤寒病去世了。我还记得追悼会是在美国人办的上海国际礼拜堂举行，就在现在的衡山路，学校当时挑选我在追悼会上唱《圣母颂》，可见我的学习成绩老师是满意的。

“我对音乐的追求很认真很执着，这也是我在专业上进步很快的原因。举个例子，刚到学校时，由于我的条件很好，特别是乐感，加上我很用功，所以我的成绩很突出。学校有位老师当时在一个中学里兼教音乐，她常常把我带去学校做示范演唱，她觉得我是她的光荣，这事情换在别的孩子身上当然会是个很满足的事情，但我却很反感，觉得我是来学习的，既然功夫没学好，到处去唱就很不好，后来这个老师去了重庆，我就很开心，我知道我可以因她的离去再挑选一位好老师，当时我很用心，特别注意学校唱得好的学生，发现他们都是苏石林（俄裔）老师的学生，这样我就选择了跟他学习。苏石林是著名男低音、曾经与世界著名的男低音歌唱家夏里亚宾齐名，他原来在俄国圣德堡歌剧院演唱，20 世纪 30 年代被萧友梅校长邀请到中国教授声乐，1956 年回莫斯科音乐学院教书，他的太太是中国人，是我很好的朋友，我在求学的过程中，也和苏石林成了很好的朋友。”

机会来临我怎么可能拒绝?

“我是 1942 年毕业的，我在毕业的第二年就举办了个人演唱会，现在想起这个音乐会就会想起父亲，他不但支持我，还为我到处推销演唱会的票，所以那次演唱会很成功。上海当时有个‘工部局交响乐队’很有名，它在每年的夏季举行露天音乐会，一般是 6 月至 8 月，地点会固定在兆丰公园（今中山公园）法文协会等地。他们听了我的演唱会后就邀请我演唱一个法国的《霍夫曼的故事》歌剧，我在剧中担任三位女主角中的一位，这是我第一次演歌剧，一位资深的报社评论说：演出最动人的，就是由高芝兰演唱的角色。这次演出奠定了我的艺术地位。

“之后有个演唱《茶花女》的女主角和剧团产生争执，最后剧团只好换人，他们把剧本拿来要我一周后就演出，我的老师知道后也吓了一跳，他觉得里面很多曲目都是很‘花腔’的，我从没唱过，经验不足怎么能胜任呢？面对老师担心，我只对自己说了句话：当机会来临，我怎么可能拒绝？我就是凭着这句话，花了 6 天的时间来准备。我把自己关进房间里，我对家里人说，‘除了吃饭，你们别打扰我’。

“那个星期我完全浸在《茶花女》里，我坐在钢琴前从头到尾地练了 4 天，还请来了个意大利人把台词给他听，让他给我找毛病，纠正我的发声，到了第 5 天，我就和钢琴合，第 6 天就和乐队合，第 7 天演出，结果引起了轰动，很受赞赏。”

“现在国内的演员能达到这种水平的不多吧？”我很不可思议地问先生。

“达不到。”先生很平静地回答，“本来这不算是奇迹，很多国外的演员都做得到。做艺术这个事情，是要吃苦的，要尽责尽力，由不得半点功利心。我们那时候很单纯，风气也很朴实，不像现在那么浮躁。”

开“个唱”筹款出国

“我想我天生就是喜欢唱歌的人，我对艺术的追求很执着，喜欢唱一些别人没唱过的歌曲。像有首法国的歌曲，我很喜欢，但苦于没有谱子，后来通过一个评论家把谱子弄出来了。这位评论家很欣赏我，他在报纸上说每听我唱一次，都感觉到一种进步，每次都不同。

“那时唱歌剧的很多是俄国十月革命后流亡出来四五十岁有经验的演员，这在当时我是唯一的一个年轻的中国歌剧演员，确实有些与众不同。

“1947 年我萌生了出国的念头，那时我正处在艺术生命鼎盛的巅峰，很多朋友知道我出国学习都竭力劝阻我。当然我有另种想法，觉得自己是学西洋音乐的，我不能因为此时的得意而忘乎所以自满起来。世界上还有很多东西是我所不清楚的，趁着年轻，我应该尽快地去学习。那时我从一本音乐杂志找到两所大学，一所是在芝加哥的音乐学院，一所就是纽约茱莉亚音乐学院，我选择后者是因为在纽约观看各种演出的机会多，这个很重要，早年我除了学声乐，还很注重学曲目，现在的很多年轻演员大概缺乏的就是这种自觉学习的精神。

“我决定去留学后出现了‘资金从哪里来？’的困惑。那时我弟弟刚从圣约翰大学毕业，他是学工程的，是我家的经理人。为了筹集我们姐弟出国留学的费用，我连续举办了多场个人音乐会，我们赚了 3000 美元，这在当时是个不小的数目了。我们坐了三个星期轮船到达旧金山，后来我转到纽约的茱莉亚音乐学院读书去了。”

第一批“海归”

“我是 1949 年学成回国的，用现在的话说就是‘海归’。我回国的原因是我在纽约认识了我的先生，因为双方父母都在国内，所以我们没有任何犹豫就回来了。

“回国后我被安置在上海音乐学院，生活条件好不好不是我计较的，最让我接受不了的是一些‘故意的压制’。比如，定职称啊，分房子啊，选学生等等，这些无形的压力总在你身边存在着，直到我 1990 年出来都是如此。我最认真那次就是为胡晓平出面。当时连中央音乐学院的老师都默认胡晓平是唱得最好的，但评委却将她压到最后，我当时很不高兴，给当时的文化部部长写了封信：我说我从来没为自己争过什么，但今天我要为自己的学生争个公平，文化部当时也没办法，他们后来安排晓平到匈牙利去参赛。

“1949 年后的历次运动对我冲击不大，因为我从来都不是什么官，我只求业务不求名利，心血都放在学生身上了。但有些人的心态很不好，他们就怕我出成绩，往往把最差的学生分配给我，这当然难不倒我的，我对学生教得很严格，所以这些学生后来都很优秀。”

我为先生算了一下，像胡晓平、汪燕燕、迟立明、李怡萍、刘旭峰、张倩以及孙秀苇，他们很多都在国内外获奖。特别是孙秀苇，她不但在意大利布塞托著名的“威尔第国际歌剧演唱比赛”中一举夺得第一名，同时还参与威尔第歌剧《游吟诗人》及《茶花女》的演出，1995 年于米兰演出《命运之力》、于的里维斯特演出《诺玛》及匈牙利演出《茶花女》，事业发展得很快、很稳固，而这些正是先生所最在乎的。

不是我不在乎，而是世界变得快

“我实在评价不了现在国内的音乐教育，这本来就是很多的因素在作用。”采访即将结束时先生这样对我说，“总体上，现在全世界的市场都被流行音乐占据，这不是中国一家的尴尬问题。唱流行乐曲和唱歌剧不同，前者被冠以很多风格，像沙的哑的各式各样都行，她只需要一支话筒，就可以把情绪煽动起来。甚至是不穿衣服也可以唱，哈哈哈……这个世界变得快，我在乎也没有用。”

“现在的生活很悠闲，这是我最满足的。我自己一个人住在这套老人公寓里，房子很好用，设施很齐全，左邻右舍很和睦，每天早上听听音乐，看看书，这是我最感满意的。丈夫 1983 年去世了，我有一对双胞胎儿子，一个在国内经商，一个在这里是计算机工程师；还有个女儿，毕业于印第安州大学钢琴专业，现在密歇根州教钢琴，是很有名气的钢琴老师，他们对我都很好。我从没有可以让孩子学什么，我鼓励他们干自己想干的事情，凡事尽力就行，这是我一直坚持的。”

和先生道再见时她一再叮嘱道：“关于 1949 年回国后发生在我身上的那些不开心的故事你就别写了。毕竟一切都过去了，不重要的。”先生的叮嘱使我沉默了片刻，本来这样属于“国宝”的专家不应远离祖国，不过国内高等院校那种内耗就是如此，中国知识分子毕生所承受的悲屈远非如此。高先生说“走过去，就不重要”是对的，因为善良的人最容易快乐。

（原载《星星生活》2003 年 9 月 26 日第 104 期）

中国第一位茶花女——高芝兰

尹季颖

38 人物　　2001 11.4 世界周刊

中國第一位茶花女

高芝蘭

／尹季穎

夏季美國首都華盛頓的夜晚星光燦爛，「茉莉花」濃郁東方色彩的主題旋律在甘迺迪中心漂浮著，華盛頓歌劇院正在上演義大利偉大作曲家普契尼最後的歌劇「杜蘭朵公主」。藝術總監多明哥慧眼獨具，大膽起用譽滿歐洲的華人歌唱家孫秀葦與另一女主角共挑大樑。在歌劇歷史上的長河中，終於出現了第一位貨真價實的中國公主，果然不負眾望，場場爆滿，佳評如潮。

身材嬌小的孫秀葦，畢業自上海音樂學院，曾於北京戰友歌舞團工作。1992 年連續獲得威爾第國際聲樂大賽，多明哥歌劇大賽等七大世界級大賽首獎。出道以來，歐洲各大劇院競相邀約。為了呈現公主外表剛強，內心火熱的個性，「杜蘭朵公主」劇中有不少高難度的詠嘆調，音色純美的孫秀葦，唱來得心應手，高音更是響徹雲霄，令人嘆為觀止。今年 10 月將再度蒞臨華府主演普契尼另一名著「蝴蝶夫人」，更被樂評譽為世界最佳的詮釋者。

「玉不琢，不成器」，是誰的手巧奪天工，雕琢出如此晶瑩純淨的聲音？「名師出高徒」，是誰的點石成金，使嬌小玲瓏的孫秀葦，得以在歌劇的巍峨聖殿，大放異彩？

當絲絨的帷幕在如潮水的掌聲幾度起落時，台下坐夏季美国首都华盛顿的夜晚星光灿烂，《茉莉花》浓郁东方色彩的主题旋律在肯尼迪中心飘浮着，华盛顿歌剧院正在上演意大利伟大作曲家普契尼最后的歌剧《杜兰朵公主》。艺术总监多明哥慧眼独具，大胆起用誉满欧洲的华人歌唱家孙秀苇与另一女主角挑大梁。在歌剧历史上的长河中，终于出现了第一位货真价实的中国公主，果然不负众望，场场爆满，佳评如潮。

身材娇小的孙秀苇，毕业自上海音乐学院，曾于北京战友歌舞团工作。1992 年连续获得威尔第国际声乐大赛，多明戈歌剧大赛等第七次世界级大赛首奖。出道以来欧洲各大剧院竞相邀约。为了呈现公主外表刚强，内心火热的个性，《杜兰朵公主》剧中有不少高难度的咏叹调，音色纯美的孙秀苇，唱来得心应手，高音更是响彻云霄，令人叹为观止。今年 10 月将再度莅临华府主演普契尼另一名著《蝴蝶夫人》，更被乐评誉为世界最佳的诠释音。

“玉不琢，不成器”，是谁的手巧夺天工，雕琢出如此晶莹纯净的声音？“名师出高徒”，是谁的点石成金，使娇小玲珑的孙秀苇，得以在歌剧的巍峨圣殿大放异彩？

灯丝绒的幔帘在如潮水的掌声几度起落时，台下坐着一位女士，感动得热泪盈盈，看到自己当年美梦终于成真，最后的入门弟子不负自己多年苦心栽培，攀登至艺术的顶峰，成为世界级歌唱家。这位女士是谁？她就是中国歌剧界的第一位茶花女——高芝兰女士。

高芝兰 1922 年出生于以湖光胜景闻名的杭州，自幼随父母移居上海。喜欢歌唱的她，从小就常守着 20 世纪 30 年代的收音机，聆听播放西洋古典音乐的外侨电台。珍妮·麦唐娜和黛安娜·宝萍演唱的电影歌曲，是她的最爱。动人心弦的美妙歌声，牵引她一步步踏进音乐艺术的瑰丽盛宴，从此走上生死不渝的不归路。

1935 年清纯玉洁的高芝兰从民立初级女中毕业，升入美国教会所办的清心女中。除了正式学科，学校亦重视优雅澄净的音乐课，第一次接触五线谱，出于好奇，向老师要求唱低音；加上语音较低，自然而然与低音为伍，却无形中锻炼出敏锐的听力。无忧无虑的黛绿年华，也是她一生中最辉煌的体育生涯。只因一位老师说过“一个学声乐的人最好也是喜爱体育的人”，从此，声誉崇隆的立民女中排球校队里，屡屡见到她驰骋球场的芳踪。

念完高一，终因剪不断对歌唱千丝万缕的一往情深，高芝兰转学考进现在上海音乐学院前身，当时的国立音乐专科学校。学校创立于1927年，为萧友梅等人所建，是中国最早的音乐学校。四年期间龙榆生老师介绍她认识妍丽多姿的唐诗、宋词、古文；梁就明老师指引她在英语世界中悠然自得。声乐教师有魏腾博（F.Wittenberg）、马哥林思基（H.Margolinsky）、商伯（L Shoenbach）等名家，其中影响最大的就是声乐的启蒙老师苏石林（V.G.Shushlin）先生。

苏石林为苏联早期著名的男低音歌唱家，圣彼得堡大剧院首席男歌剧演员。他的老师加贝尔把意大利美声学派传到俄罗斯，苏石林再引入中国。1928年苏石林至中国演唱，应萧友梅之请，至音专任教，一晃30个寒暑过去。直到1956年才回国。在中国的30年中，为我们培养了一大批声乐人才，如斯义桂、李志曙、温可铮、孙家馨、臧玉琰等，都是他的高徒。

刚考进国立音专一年级时，作曲家黄自不幸病故，校长萧友梅亲自指定她以古诺的《圣母颂》在上海国际礼拜堂追悼会独唱。黄莺般的清音，向这位中国最伟大的音乐家倾诉全国同胞万般悲痛的不舍之情。

音专的第一位老师没有察觉出她运气的缺点，中低音虚弱，甚至低音难以唱出。而后拜苏老师为师，前后8年之久。苏老师重视基础训练，首先教授如何吸气，如何正确运气，再如何放松声音，最后如何运用气流把声音送往共鸣之处。那时班上有许多嗓音好的同学，唯独她乐感强，悟性高，持之以恒，且勤于思考。基于一首歌低音多于高音，老师严格要求她把中、低音练得与高音同样丰实华美。为了克服中、低音较弱的缺点，她每天持续自上而下地练习。用气息支持，保持声音位置不变，半个音，半个音地往下移动，一首咏叹调往往需费时数月逐句逐段练习。如此经年累月，终于歌艺精进，出落得令人惊艳不已。

1943年，她举行了生平第一次独唱会，中国乐坛的奇葩诞生了。尔后，频频举办演唱会，并和上海工部局交响乐团联合演出。两年后，应邀参加上海艺术剧场俄国歌剧团的演出，扮演《霍夫曼的故事》中之安东尼娅。同年6月，她第一次主演西洋著名歌剧《茶花女》，成为我国最早主演西洋歌剧家之一。在1946年，她主演《弄臣》的姬儿妲和《浮士德》

之玛格丽特。声音圆润优美，对角色深入了解，感情真实丰富，并能以英、法、德、俄等外语演唱，因而声誉鹊起，引起热烈回响，被誉为“有银铃般动听嗓音的明星”。

1947 年，高芝兰决计在广袤无垠的乐空中，展翅飞扬——搭乘第一艘通往美国的轮船，留学深造。首先进入纽约茱莉亚学校，师从派佩（Edith Piper）与塔德（Maggie Tete）。接着，以珠圆玉润的歌声考取曼尼斯学校的奖学金。投于钮森（Frances Newsom）教授门下。美国的几年学习中，她扩大眼界，博采众长，在声乐艺术及知识修养上更上层楼。曾在纽约哥伦比亚大学麦克米伦剧院举办独唱会，艺惊全场，获得学校高度评价。两年后，学成归国，任教上海音乐学院。

除了教授声乐，培植最优秀人才外，她前后应邀于国立上海广播电台演唱，达十六年之久。并为中国唱片公司录制美、德、法、西及中国歌曲，其中“西方歌剧歌曲精选”，歌声出神入化，得到文化部长及唱片公司金质奖章。1961 年保加利亚苏菲亚音乐院长指导排演歌剧《蝴蝶夫人》，次年苏联著名女中音姬萝娃指导《游吟诗人》，两位专家在众多候选人中分别选中高芝兰为女主角，足证其艺术修养之丰富和表演技巧之精湛，已达炉火纯青的境界，实为中国声乐界瑰宝。

“文革”以后，她潜心教学，培育英才，严格认真，一丝不苟，造就出不少声乐家。1978 年，她再度和上海交响乐团合作演出。次年，她应邀参加斯义桂讲学音乐会，演唱舒曼套曲《妇女的爱情与生活》。1980 年，在上海音乐厅举行独唱会。两年后，上海音乐学院举行五十五周年校庆，演唱齐尔品以法文歌词谱曲的作品。1983 年，参加丁善德作品音乐会，同台演出者有温可铮、李名强、胡晓平、李民铎等，皆为一时之选。次年她担任不列颠百科全书音乐卷的翻译工作并开始在各省示范教学，在四川音乐学院，广东音乐学院及哈尔滨歌剧院分别驻教一年。

“强将无弱兵。”胡晓平是高教授的得意弟子，1982 年荣获匈牙利第二十届国际声乐大赛歌剧演唱比赛一等奖及特别奖。当时，世界著名女高音，意大利米兰歌剧院艺术指导习蜜翁娜托特别问她：“你是不是在意大利学的声乐？”另一弟子汪燕燕于 1985 年巴西第 12 届国际声乐大赛囊括首奖。惊奇于高芝兰的特殊教学，西方各国开始把目光投向东方，并邀请她出任 1987 年第 13 届，1991 年第 15 届巴西世界声乐比赛及 1990 年第 9 届俄国柴可夫斯基声乐大赛评审。为中国声乐史上再添傲人的一页。

欲成为一名成功的声乐老师，高教授认为所教曲目需自身经过舞台演唱，方能把经验传授给下一代：其次，需针对学生特点和表演情况，选择适当曲目与演唱方式，使其潜能得以发挥。

温文儒雅的高教授娓娓道来："我一生致力于声乐艺术……学生的进步，就是我最大的幸福……"

至于如何提高声乐技巧？她认为：

1. 精练——练声与练乐器不同。练唱每日一两小时足够，唱时多思考窍门，分析为何如此练？如何达到所要追求的目标？何处需要改正？正确唱法应由气息支持，产生共鸣，轻松集中地传送出去。身体全身放松，在平稳吐气下发声，不能有提气的感觉。正确的发声能令声音轻松又集中，明亮又纯净。

2. 多听——学习一首曲目，除了了解声音，歌词，音乐等的处理，并需常看大师的演唱，观察大师们如何从音乐，吐字，感情处理，戏剧性的表现表演完整的演唱一首曲目。不但开阔眼界，更提高听力，丰富了音乐修养。

3. 多看——成功的演唱家必须有较高的文学修养，高尚的品格对曲目产生的时代背景、作者生平、内容、人物思想感情深刻地了解。从文学和美术等理解曲目的意境，产生丰富的联想，声音自然成熟韵味十足。

如今，繁华尽落，高芝兰教授定居加州，一生诲人不倦的她，仍然默默耕耘。虽然因缘际会，未能晋身世界乐坛，在西方歌剧一展光芒，但她造就出响叮当的声乐家如胡晓平、孙秀苇、张倩、李怡萍、汪燕燕。她们的成就，是她最大的安慰。

一块块璞玉，唯有经过大师的精雕细琢，方能放出晶莹剔透，摄人夺目的光彩；一株株幼苗，经由园丁的细心浇灌，得以绽放迷人的芳香。高芝兰确实是一位中国音乐界仰之弥高的巍峨巨擘。

为表扬她的成就，1984 年上海音乐学院给予杰出教师奖；1987 年，上海文学艺术协会颁发文学艺术奖。她对中国声乐的非凡贡献，将令人永远尊敬与怀念。

（原载《世界周刊》2001 年 11 月 4 日）

后记

中国人民音乐出版社《歌唱艺术》月刊，分别于2020年的9月、10月，以及2021年2月选载了第一章、第二章、第四章主要内容。得益于国内广大读者，特表深切感谢。

上音前图书馆馆长、音乐理论家钱苑教授。当年接受学校指派，为高老师作传。15年来，大环境变迁，几经努力传记就是不能出版。晚年，他在高老师家人无人问津的情况下，既没有上缴也没有销毁高老师资料，却小心翼翼地保存直至他生命晚期，至此才有《芝兰流芳》面世。在他病情深度恶化之际，仍旧透过他女儿钱泥，向我转达对于高老师传记的关切。

我对这位老同学的专业操守与良知，以及他对高老师为人由衷地尊重，致以崇高的敬礼，深切的感谢。

书法大家宋富盛先生，蔡军老师，献出墨宝，为《芝兰流芳》一书题名，并提供出版工作宝贵意见。深表感谢！

定居在多伦多的上音前国文老师施珏老先生（于2019年仙逝），抱病审阅此书部分文稿。在我健康状况欠佳时刻，施老师女儿施文女士对我无微不至护理。表示诚挚感谢。

前文艺出版界古土先生，大力协助核查资料，文字整理。特此致谢。酷爱歌唱艺术多年的好友，孙家骅律师，恪守法律尊严，为人浩然正气，对我精诚鼓励，担任出书法律顾问。他大力支持我申请加拿大书号的工作。在需要将《芝兰流芳》书名翻译为英文时，我苦思冥想，讨教专家仍不得要领时，孙律师凭借几十年的音乐修养，提议用 *Bel Canto Zhi-lan Gao* 作为《芝兰流芳》英文书名，获得业界赞赏。

感谢老同学，旅居新加坡的小提琴家乐队指挥张振山先生，委托上海交响乐团前副团长周京华先生查阅上海交响乐团历史资料，找出当年高芝兰老师与乐团共同演出的节目单。认证了当年高老师的演唱曲目安排。

上海音乐学院同班老同学，卞敬祖、赵宪两位历年多次接待安排我上海住行，校友聚会。对《芝兰流芳》出版给予积极支持，并提供宝贵意见。

定居在多伦多老校友：朱昌平、谢家瑜等积极鼓励支持出书工作。有的朋友甚至午夜冒着零下25摄氏度的严寒，送我去医院急诊。有了这些朋友的鼎力辅助，无微不至的关怀鼓励，我才能将《芝兰流芳》资料整理告一段落。我衷心感谢。

第二章“教”与“学”中，孙秀苇、汪燕燕，都是在和我电话访谈之后，百忙之中由她们亲笔撰写了跟高老师学习心得。

2018 年中，在我抱病工作处于体痛难忍、心神孤单的时候，汪燕燕与我电话长谈，她言简意赅、富有哲理的思维，旷达的心理素质，及时的开导，对我完成本书的资料整理工作，是难能可贵的精神支持。

为纪念高老师，2014 年王小红同学采访收集了部分上音同仁，同学和台湾女同学芬美、倪亚贺萨等怀念高老师的文字初稿。经我整理，采用于本书。特此向王小红同学致谢。

陈淑琬、迟立明、李怡萍、张莉、丁华丽、赵文英、乔平、陈光辉、张承军等多位至今尚未谋面的同学，都积极配合我工作，给予鼓励协助。在此过程中，使我更进一步感受到他们对高老师的深情厚爱。

经萧显扬先生介绍其秘书 Cathy Zhou 女士、Walao Jay 以及 Jacky Wang 先生共同组成《芝兰流芳》出版工作小组。他们用四年业余时间协助计算机整理稿件，照片资料等编辑工作。我表示深切感谢。

最后我要感谢《序》作者之一，上音前院长、老同学江明惇先生。特别感谢另一位《序》作者，加拿大颐康基金会萧显扬总裁；在疫情中竭尽全力照顾小区耆老，百忙中抽时间审阅本书部分章节，提出宝贵意见。

子夜清空，万里无云，繁星烁耀，与疫情萧瑟气氛形成对比。

《芝兰流芳》搁笔之前，翻回卷首。清末民初，欧罗巴文艺复兴精神渗入东方，先贤蔡元培创建“国立艺专”，拉开了一出美育人格舞台序幕。雅稚年华的高芝兰，结缘歌唱艺术。因缘际会；恰如她生平扮演的第一位女主角——《霍夫曼的故事》——安东尼娅；因歌唱而生，为歌唱而逝。回顾她的一生，这纯属巧合还是命运使然？仰望繁星无语。

就在这不大的人格舞台上，有人浮光掠影，招摇过市，有人质朴无华，人格升华。千姿万态，各示其貌。前者光环散尽，不过是人格舞台边幕，奢华充数的小景，陪衬了后者；屹立于人格舞台中央，寡淡清歌真实的艺术人生。也是巧合？也是命运？

程振华（路禹）

2021 年 4 月 12 日于加拿大多伦多